Jörg Berger

Wie überlebe ich schwierige Menschen?

Stachlige Persönlichkeiten entwaffnen und die eigenen Stacheln entschärfen

Francke

Über den Autor:
Jörg Berger ist Psychologe und Psychotherapeut in eigener Praxis. Als gefragter Redner ist er mit Themen rund um schwierige und schöne Beziehungen unterwegs.

🌐 www.stacheln.com

MIX
Papier aus verantwortungsvollen Quellen
FSC® C014138
FSC www.fsc.org

Bibliografische Information der Deutschen Nationalbibliothek
Die Deutsche Nationalbibliothek verzeichnet diese Publikation in der Deutschen Nationalbibliografie; detaillierte bibliografische Daten sind im Internet über https://dnb.de abrufbar.

ISBN 978-3-96362-418-6

35037 Marburg an der Lahn
Illustrationen im Innenteil: Thees Carstens
Umschlagbild: © iStockphoto.com / GlobalP
Umschlaggestaltung: Francke-Buch GmbH / Marion Schramm
Satz: Francke-Buch GmbH
Printed in Czech Republic

www.francke-buch.de

Inhalt

Einleitung

Warum haben schwierige Menschen so viel Einfluss? Müsste es nicht umgekehrt sein? Sollten nicht faire und liebevolle Menschen bestimmen, wie wir miteinander umgehen? Und müssten im Job nicht diejenigen führen, die teamfähig sind und an den gemeinsamen Erfolg denken? Leider sieht die Realität oft anders aus. Gerade weil sich schwierige Menschen nicht an Regeln halten, haben sie mehr Macht als andere. Weil sie Beziehungen an den Rand des Abgrunds führen, geben andere nach, auch wenn das ungerecht ist und Kraft kostet. Psychosomatische Kliniken und therapeutische Praxen sind voller feinfühliger, oft sozial eingestellter Personen, die eine schwierige Beziehung an den Rand des Nervenzusammenbruchs geführt hat. Berufliche Projekte fahren an die Wand, weil ein schwieriger Mensch in seiner Unvernunft nicht gestoppt wurde. Auch Umwege und Brüche in der Karriere sind meist auf schwierige Menschen zurückzuführen. Deshalb sollte jeder verstehen: Was gibt schwierigen Menschen so viel Macht? Wie kann man sich wehren und ein faires Miteinander möglich machen?

Schon als junger Psychotherapeut ist mir aufgefallen: Die psychologischen Werkzeuge, die ich habe, sind völlig ungeeignet, wenn wir es mit schwierigen Menschen zu tun haben. Was hilft es, gut zu kommunizieren, wenn sich ein anderer gar nicht verständigen, sondern durchsetzen will? Was nützen Selbstsicherheit und soziale Kompetenz, wenn ein anderer zu Machtmitteln greift? Was bringt es, wenn sich jemand seiner Würde und seiner persönlichen Grenzen gewahr wird, er dann aber am nächsten Tag im Büro gedemütigt wird? Schwierigen Menschen können wir nur mit Wachsamkeit und psychologischer Raffinesse begegnen. Dabei kommt es vor allem auf einen klugen Umgang mit Macht an. Unsere Menschlichkeit muss dabei nicht auf der Strecke bleiben. Es gibt auch faire Strategien, mit denen man unfairem Verhalten begegnen kann. Das schützt uns letztlich auch besser, als wenn wir in das gefährliche Spiel von Täuschung, Manipulation und Gemeinheiten einsteigen würden. Wir bewahren unsere Werte und Vertrauenswürdigkeit.

Wie wir den Menschen sehen

Mit diesem Buch richte ich mich besonders an sozial eingestellte und christlich geprägte Leserinnen und Leser. Sie machen in meiner Praxis den größten Teil meiner Patienten aus. Gleichzeitig sind sie die perfekten Opfer für schwierige Menschen. Denn sozial eingestellte und christlich geprägte Menschen verwechseln oft Liebe mit lieb sein. Sie sind auch dann noch verständnisvoll, großzügig und entgegenkommend, wenn sie längst ausgenutzt oder in eine gefährliche Situation manövriert werden. Doch weder eine soziale Einstellung noch die Nächstenliebe erfordern, dass man sich zum Opfer schwieriger Menschen macht. Wenn ich einmal aus Menschlichkeit oder Klugheit ein Opfer bringe, ist das etwas anderes, als wenn ich mich zum Opfer mache oder machen lasse. Es gibt auch eine starke Liebe, die sich wehren kann und zu einem guten Miteinander einlädt.

Ich hoffe, Sie haben vor dem Kauf des Buches diese Einleitung im Internet gelesen oder zumindest bemerkt, dass es in einem christlichen Verlag erschienen ist. Andernfalls werden Sie von Passagen überrascht, die den christlichen Glauben aufgreifen. Damit will ich niemanden bedrängen. Vielleicht kann Sie diese unerwartete Perspektive trotzdem bereichern. Schwierige Menschen konfrontieren uns mit existenziellen Fragen, für die es keine wissenschaftlichen Antworten gibt:

- Was bedeutet Freiheit und wo sind wir anderen Menschen verpflichtet?
- Was kann man vergeben?
- Wie viel Wahrheit vertragen unsere Beziehungen?
- Wann darf man einen Menschen aufgeben und seinem Unglück überlassen?

Im Umgang mit schwierigen Menschen brechen solche Fragen auf, wenn wir es am wenigsten brauchen. Idealerweise finden wir schon vorher unsere Antwort darauf. Dann haben wir bereits eine Haltung, die uns Orientierung gibt, wenn wir unter Druck kommen oder verunsichert werden.

Wann uns eine psychologische Brille hilft

In einer weltanschaulichen Frage brauchen wir Beweglichkeit. Sie betrifft unser Menschenbild. Sind Menschen einzigartig und damit stets überraschend? Oder lassen sich Menschen einordnen? Dann könnten wir im Fall schwieriger Menschen die Probleme voraussehen. Die meisten wollen andere nicht in Schubladen stecken. Das finde ich sympathisch. Trotzdem geschieht in diesem Buch genau das. Wir ordnen einen Menschen, unter dem wir leiden, einem Typen zu und entdecken in ihm einen Grenzüberschreiter, einen Blender oder einen anderen Typen. Wenn wir in Not sind, erleichtert es sehr, ein psychologisches Werkzeug an die Hand zu bekommen. Es führt uns von der Verwirrung zum Durchblick. Wir finden aus einer Hilflosigkeit heraus und entdecken Handlungsmöglichkeiten. Wenn wir dann mit einer Situation zurechtkommen, können wir das psychologische Werkzeug wieder aus der Hand legen. Wir dürfen andere dann wieder in ihrer Einzigartigkeit sehen und uns überraschen lassen, statt jemanden auf bestimmte Eigenschaften festzulegen.

Diesen Blickwechsel brauchen wir auch, wenn wir auf uns selbst sehen. Wenn wir uns selbst in Schubladen stecken, reduzieren wir uns. Damit geht uns der Blick für all das verloren, womit wir uns selbst und andere überraschen können. Gläubige Menschen rechnen außerdem damit, dass der Geist Gottes gute Möglichkeiten in ihre Persönlichkeit legt und diese entfalten hilft. Sie dürfen sich schon deshalb nicht auf das reduzieren, was ihre Geschichte und Veranlagung aus ihnen gemacht hat. Stattdessen rechnet der Glaube in jedem Augenblick mit dem Wunder, das uns zu mehr Vertrauen, Liebe und Mut befähigt, als wir Menschen zur Verfügung haben. Ab und zu gibt es allerdings Situationen, in denen es um Selbsterkenntnis geht. Hier kann eine psychologische Brille helfen. Sie lässt uns bestimmte Reaktionen klarer sehen und wir bekommen einen Blick für die Hintergründe und Folgen unserer Verhaltensmuster. Das hilft uns, Korrekturen in unserer Motivation und unseren Reaktionen vorzunehmen. Danach sollten wir die Selbstdiagnose wieder vergessen und uns als einzigartige Menschen sehen.

Schwierige Menschen erkennen

Rein statistisch ist die Chance groß, auf angenehme Menschen zu treffen. Bei der Frage, wie viele Menschen schwierig sind, können wir uns an der Häufigkeit von Persönlichkeitsstörungen orientieren. Wenn schwierige Persönlichkeitszüge so ausgeprägt sind, dass sie einem Menschen und seinen Bezugspersonen zu schaffen machen, spricht man von einer Persönlichkeitsstörung. Sie betreffen etwa zehn Prozent der Bevölkerung. Das schätzen Studien zur Verbreitung psychischer Störungen.[1] Die diagnostische Kategorie der Persönlichkeitsstörungen deckt sich allerdings nicht ganz mit den schwierigen Persönlichkeiten, die in diesem Buch beschrieben sind. Manche Menschen erfüllen die diagnostischen Kriterien einer Persönlichkeitsstörung, sind aber trotzdem sehr angenehme Menschen. Andere erfüllen die Kriterien nicht, rauben einem aber viel Kraft und Nerven. Trotzdem erscheint mir eine Größenordnung von etwa zehn Prozent realistisch, wenn wir uns fragen, mit welcher Wahrscheinlichkeit uns die Charaktere dieses Buches begegnen. Es ist deshalb kaum möglich, schwierigen Menschen zu entgehen. Andererseits bleiben mehr als genügend Menschen, um angenehme Beziehungen zu pflegen.

Natürlich gibt es auch Konflikte zwischen Menschen, die nicht schwierig sind. Hier entschärft es Situationen oft schnell, wenn wir unsere eigenen Schwächen erkennen und korrigieren. Deshalb ist es so wichtig, dass wir unterscheiden können: Haben wir es hier mit einem Menschen zu tun, der normal schwierig ist wie wir alle? Oder könnte mir jemand gefährlich werden, weil er uneinsichtig, unkorrigierbar und so selbstbezogen ist, dass man es kaum glauben kann. Im ersten Fall sollten wir unserer Intuition folgen: Erst mal selbstkritisch, ausgleichend und kompromissbereit sein. Im Fall schwieriger Menschen könnte uns genau das zur Falle werden. Hier müssen wir ganz an unserer eigenen Wahrnehmung festhalten, die Machtfrage in den Blick nehmen und jedes Entgegenkommen konsequent daran knüpfen, dass sich ein anderer fair verhält. Wie das in unterschiedlichen Konstellationen möglich ist, werden Sie in vielen Beispielen entdecken.

Auch wenn ich die Gefährlichkeit schwieriger Menschen ernst neh-

---

1 Zum Beispiel für Deutschland: Maier, W., Lichtermann, D., Klingler, T., Heun, R. (1992). Prevalences of personality disorders (DSM-III-R) in the community. J Personal Disord 6. S. 187-196.

me, sehe ich sie doch auch mit Sympathie und Mitgefühl. Warum ich als Psychotherapeut gar nicht anders kann, möchte ich an einem ersten Fallbeispiel zeigen.

Magenschmerzen vor der Arbeit

Die Kollegen beobachten aufmerksam, wie sich Julian durch die Flure des Altenheims bewegt. So spüren sie, was heute auf sie zukommt. Mal eilt er mechanisch zu seinem Ziel, den Blick starr geradeaus, eine Zornesfalte über der Nasenwurzel, seinen Kaugummi malmend wie ein zähes Stück Fleisch. Besucher weichen Julian unwillkürlich aus. Kollegen grüßen ironisch oder gehen achselzuckend an ihm vorbei. In dieser Stimmung tritt Julian auf, als wären nur die Heimbewohner wichtig, die er betreut. Wer ihm entgegentritt und gleiche Rechte einfordert, riskiert einen Zornausbruch. Julian stößt dann Vorwürfe aus, die so unsachlich sind, dass die Kollegen kaum wissen, was sie darauf antworten sollen.

An anderen Tagen schlendert Julian durch das Altenheim, eine Hand in der Tasche seiner weißen Hose. Wenn er gedankenverloren am schwarzen Brett steht und die Aushänge studiert, wirkt es, als gelte der Zeitdruck nur für die anderen. Kollegen fällt auf, dass Julian von Zusatzaufgaben verschont wird, weil er so schnell aus dem Gleichgewicht gerät. Julian steht meist als Letzter von der Frühstückspause auf. Die Kollegen mussten ihn häufig drängen, damit er seinen Beitrag für die Kaffeekasse zahlt. Trotzdem lässt es sich am besten mit ihm aushalten, wenn er in einer entspannten Stimmung ist. Er hat dann den Charme eines verwöhnten Jungen.

Weil man mit Julian schlecht reden kann, redet man über ihn. Die stellvertretende Stationsleiterin offenbart: »Wenn ich allein mit ihm Dienst habe, gehe ich mit Magenschmerzen zur Arbeit. Diese Gereiztheit und Unberechenbarkeit machen mich fertig.«

Der Stationsleiter hält dagegen: »Julian macht einen guten Job. Wenn er mir beim Dienstplanmachen über die Schulter schaut, zeigt er eine Kombinationsgabe, die mich verblüfft. Ich glaube, er ist echt intelligent. Es ist ein Jammer, dass er die dreijährige Ausbildung samt Examen nie gemacht hat. Man muss ihn zu nehmen wissen, im Grunde ist Julian echt in Ordnung.«

»Wenn du den Sozialarbeiter spielen willst«, kontert ein älterer Pfleger, »kannst du das ja tun. Aber wir alle machen einen Teil seiner Arbeit mit. Das weiß jeder und das geht auf Dauer nicht.«

Schweres in die Wiege gelegt

Schwierige Menschen bringen andere an ihre Grenzen. Gleichzeitig erahnt man das schwere Schicksal, das sich hinter den unangenehmen Reaktionen verbirgt. Alleinsein war das vorherrschende Gefühl in der Kindheit von Julian. Es müssen viele Stunden gewesen sein, die Julian vor dem Küchenfenster verbracht hat, die Nase an die Scheibe gedrückt, den schmalen Weg zur Tür des Reihenhauses im Blick. Ab und zu wischte er mit dem Ärmel die vom Atem beschlagene Scheibe wieder frei. In jedem Schlagen einer Autotür sah Julian ein Zeichen für die Rückkehr seiner Mutter. Sie hat ihren kleinen Jungen zu früh und zu lange allein gelassen.

In manchen Wochen war es die Tür zum Schlafzimmer, vor der Julian lauschte. Das Geräusch einer Schublade oder einer Schranktür kündigte an, dass Julians Mutter wieder am häuslichen Leben teilnahm. Dann ließ ihr die Depression ein paar Stunden Kraft, die sie benötigte, um das Bett zu verlassen. Julians Lieblingsplatz war die Eckbank in der Küche, wo er spielte, aber auch die Mutter im Blick behielt. Ihm war, als ob die Mutter verschwindet, sobald er sie aus dem Auge verliert. Der Vater war oft nicht da, verwöhnte Julian aber mit Geschenken und Ausflügen, als müsste er etwas gutmachen. Dafür erwartete er absolute Rücksichtnahme auf die Mutter. Auf lautes Spiel oder einen Trotzanfall reagierte der Vater mit einer Schärfe, die Julian traurig machte: »Wenn du brav wärst, würde es der Mama nicht so schlecht gehen.«

Solche Erfahrungen kann man sich nur vorstellen, wenn man selbst Ähnliches erlebt hat. Trotzdem erahnen viele die innere Not, die einem schweren Schicksal entspringt. Das weckt Mitgefühl und Toleranz. Auf der anderen Seite sind die Probleme, die schwierige Persönlichkeiten verursachen, nicht zu verleugnen. Soll man unter jemandem leiden, nur weil er eine schwere Kindheit hatte, und das womöglich jahrelang?

Die Psychologie schwieriger Menschen

Das Beispiel von Julian zeigt die Probleme, vor die uns schwierige Menschen stellen. Wer nicht zum Opfer eines schwierigen Menschen werden will, muss sich daher etwas einfallen lassen. In der Regel machen uns aggressive Verhaltensweisen am meisten zu schaffen. Daher gehören die meisten schwierigen Verhaltensweisen, die in diesem Buch beschrieben sind, dieser Kategorie an: Grenzverletzer, Blender, Einschüchterer, Abwerter und Rächer. Aber auch Nichtstun kann anderen Probleme bereiten. Deshalb ist auch den Vermeidern ein Kapitel gewidmet. Schließlich befasst sich ein Kapitel mit Menschen, die in Stresssituationen eine kindliche Rolle einnehmen. Weil das andere viel Zeit und Kraft kosten kann, habe ich sie Energieräuber genannt. Hier gebe ich Ihnen einen Überblick, für welche Verhaltensweisen die einzelnen Typen stehen.

Da sind zum einen die **Grenzüberschreiter**. Sie vereinnahmen andere. Aus ihrer überschwänglichen Umarmung wird schnell ein Schwitzkasten, aus dem man erst entlassen wird, wenn man ihren Wünschen nachgegeben hat.

Dann gibt es die **Blender**. Sie sind Meister der Selbstdarstellung. Sie vermitteln ein Bild von sich, das andere anzieht und Hoffnungen weckt. Doch wer hinter die Kulisse blickt, entdeckt eine enttäuschende Kehrseite. Was Blender als herausragend verkauft haben, ist in Wahrheit mittelmäßig. Ihre Freundschaft ist nicht so tief, ihre Einsatzbereitschaft nicht so leidenschaftlich, wie wir dachten.

Ein weiterer Typ setzt sich gerne durch. Dazu setzen **Einschüchterer** eine bedrohliche Körpersprache ein. Sie werden laut. Sie drohen und demonstrieren ihre Macht.

Abwerter dagegen streben eine andere Art der Überlegenheit an. Sie stellen sich auf einen Sockel und urteilen negativ über andere. Ihre niederschmetternden Bemerkungen beschäftigen Betroffene oft lange.

Ein weiterer Typ begleicht offene Rechnungen. Denn **Rächer** sammeln Groll an, wenn sie sich in ihren Rechten übergangen fühlen. Dann warten sie auf den richtigen Moment. Sie verletzen durch Worte, die wunde Punkte treffen. Durch Tratsch schaden sie dem Ruf anderer. Sie verursachen Pannen, verbummeln wichtige Anliegen und verhindern so, dass ein anderer seine Ziele erreicht.

Auch **Vermeider** sind erst auf den zweiten Blick als schwierige Menschen zu erkennen. Ihnen erscheint das Leben gefährlich. Sie verweigern sich Aufgaben, die ihnen Angst machen. Aus diesem Grund entziehen sie sich auch manchen Verpflichtungen und enthalten anderen vor, was in Beziehungen selbstverständlich ist. Betroffene fühlen sich von Vermeidern oft im Stich gelassen.

Schließlich gibt es noch die **Energieräuber**. Diese sind von der Kompliziertheit der Welt überfordert. Die Härte des Lebens setzt ihnen zu, Entscheidungen machen ihnen Angst. Eigentlich bräuchten sie noch eine Mama oder einen Papa, die sie durchs Leben geleiten und ihnen beibringen, wie man Herausforderungen bewältigt. Doch wer sich zu sehr um Energieräuber kümmert, der erschöpft sich.

Vielleicht fragen Sie sich, wie ich auf diese sieben Typen komme. Andere Bücher über schwierige Menschen gehen von den sogenannten Persönlichkeitsstörungen aus, für die es eine gute Forschungsgrundlage gibt. Allerdings sind diese Typen, zum Beispiel narzisstische oder paranoide Persönlichkeitsstörungen, ausgesprochen kompliziert. Selbst Fachleute tun sich schwer, diese Typen zu verstehen, und wenn Sie zwei Fachleute fragen, werden Sie zwei unterschiedliche Antworten erhalten, worum genau es bei einer bestimmten Persönlichkeitsstörung geht. Entsprechend kompliziert wird es bei der Frage, was man denn tun kann, wenn man unter narzisstischem, paranoidem oder anderem Verhalten leidet.

Deshalb bin ich einen anderen Weg gegangen und habe beobachtet, welche Schutzmechanismen für die Probleme verantwortlich sind, die im Umgang mit schwierigen Menschen auftreten. Das sind vor allem die sieben Schutzmechanismen, die ich beschrieben habe. Ich habe sie Stacheln genannt. Denn sie tun anderen zwar weh, trotzdem sind sie nicht böse gemeint. Menschen versuchen nur, sich mithilfe ihrer Stacheln vor den Erfahrungen zu schützen, die sie am meisten fürchten. Diese Schutzmechanismen habe ich mit vielen Fällen, die ich persönlich kenne, und auch mit der Literatur zum Thema abgeglichen. Sieben Stachel reichen aus, um die schädlichen Verhaltensweisen schwieriger Menschen zu verstehen. Wir können auch mit Komplexität umgehen, wenn zum Beispiel eine narzisstische Persönlichkeit sowohl täuscht (Blenden), als auch Grenzen überschreitet und als emotionaler Vampir an unseren Kräften zehrt (Energie rauben). Wir reagieren einfach auf das Verhalten, das sich im Augenblick zeigt, mit einer entsprechenden Strategie. In einer Situation müssen wir mit Täuschungen umgehen, in einer andern mit dem Versuch, unsere Grenzen zu überschreiten. Hier können wir den Überblick behalten. Mehr dazu erfahren Sie im Kapitel über kombinierte Persönlichkeiten.

Wie Sie dieses Buch nutzen

Inzwischen haben mehrere Zehntausend Leserinnen und Leser die Stachligen Persönlichkeiten kennengelernt, mehrere Tausend meine Vorträge und Seminare dazu besucht und nicht zuletzt habe ich weit über 100 Betroffene im Umgang mit schwierigen Menschen persönlich begleitet. Die Sichtweisen und Strategien der Stachligen Persönlichkeiten funktionieren gut, auch wenn man in extremen Fällen eine persönliche Begleitung braucht. Vor allem, wenn man zu spät bemerkt, wie schädlich eine Beziehung ist, machen die eigenen Nerven nicht mehr mit. Die beste Strategie hilft nicht mehr, wenn das Gehirn in den Panikmodus schaltet. Dann braucht man einen Schutzraum, in dem man wieder zu sich selbst und zu der eigenen Widerstandsfähigkeit finden kann. Beim nächsten schwierigen Menschen ist man allerdings besser gewappnet. Man erkennt viel früher, dass etwas nicht gut läuft, und kennt Möglichkeiten, wie man sich schützen und der Beziehung dennoch eine Chance geben kann. Vielleicht kann Ihr Mitfühlen mit den Charakteren dieses Buches sogar etwas Ähnliches leisten. Denn alle Fallbeispiele sind zwar anonymisiert, aber echt. Indem Sie ein wenig von dem Leid und dem Schrecken anderer fühlen, bauen sich in Ihnen erste Widerstandskräfte auf.

Vielleicht leiden Sie gerade unter einem schwierigen Menschen. Dann haben Sie sicher schon einen Verdacht, welcher Typ Ihnen zu schaffen macht. Springen Sie dann einfach gleich in das entsprechende Kapitel.

Alle Kapitel sind auch für sich selbst genommen verständlich. Deshalb können Sie sich von Ihren Bedürfnissen und Ihrer Neugier leiten lassen. Vielleicht bemerken Sie zum Beispiel im Kapitel über Blender, dass Sie selbst manchmal bei anderen zu hohe Erwartungen wecken. Dann können Sie in das entsprechende Kapitel im zweiten Teil des Buches springen, wo es um weniger extreme Ausprägungen dieses Stachels geht.

Keine Angst vor schwierigen Menschen

- »Jahrelang hat mir mein schwieriger Kollege zu schaffen gemacht. Seit ich Ihr Buch gelesen habe, kann ich mit ihm umgehen.«
- »Seit ich erkannt habe, dass meine Schwester eine Blenderin ist, erwarte ich nicht mehr, was sie mir nicht geben kann. Es ist immer noch traurig, aber ich bin freier geworden und denke nicht mehr so oft über sie nach.«

In den letzten zehn Jahren habe ich viele Rückmeldungen wie diese bekommen. Ich freue mich über alle, die sich von Belastungen einer schwierigen Beziehung befreien.

Vielleicht wollen Sie irgendwann einmal das, was Sie in diesem Buch entdecken, in einem Literatur- oder Gesprächskreis, in ihrer Kirchengemeinde oder einer beruflichen Fortbildung weitergeben. Dazu stelle ich Ihnen gerne eine Präsentation zum Thema »Stachlige Persönlichkeiten« oder »Meine Stacheln« zur Verfügung. Mailen Sie mir dazu einfach. Wenn Sie mögen, tragen Sie sich auch in den Stachel-Newsletter ein (www.stacheln.com/newsletter). Alle sechs bis acht Wochen erhalten Sie dann eine kleine Auffrischung und Informationen zu neuen Entwicklungen.

Nun wünsche ich Ihnen gute Erfahrungen auf dem Weg zu einer starken Nächstenliebe oder auch zu einer Stärke, die Ihre Menschlichkeit bewahrt.

Teil I

Stachlige Persönlichkeiten

Grenzen überschreiten

Grenzüberschreiter gehen zu weit. Sie wollen über Sie bestimmen und drängen Sie, Dinge zu tun, die Sie gar nicht tun wollen. Sie reden in Ihre Entscheidungen hinein und reagieren gekränkt, wenn Sie sich nicht beeinflussen lassen. Manche Grenzüberschreiter bedienen sich sogar an Ihrem Eigentum. Sie setzen einfach voraus, dass Sie damit einverstanden sind. Das geschieht mitunter liebenswürdig, dass man sich gar nicht wehrt.

Wo liegt das Problem? In unserem Zusammenleben gibt es Grenzen. Es gibt einen Unterschied zwischen Mein und Dein, zwischen meinem Verantwortungsbereich und dem von anderen. Es gibt eine Privatsphäre, die nur die betreten dürfen, die ich dazu einlade. Wer ungebeten kommt, überschreitet Grenzen. Das engt ein und man fühlt sich seiner Freiheit beraubt. Genau diese Erfahrung muten uns Grenzüberschreiter zu. Unser Wohlbefinden hängt davon ab, ob andere unsere Grenzen wahren. Auch im Beruf kommt man in Not, wenn ein anderer häufig versucht, über einen zu bestimmen. Die Probleme mit Grenzüberschreitern entstehen oft in einem schleichenden Prozess, wie das folgende Fallbeispiel zeigt.

Adrian ist mit seiner Familie in das benachbarte Reihenhaus eingezogen. Schon kurz darauf fragt er, ob er sich den Rasenmäher ausleihen darf. Später bittet er die Nachbarn, für zwei Tage seine Katzen zu füttern. Adrian ist seinerseits großzügig. Er reicht Grillwürstchen über den Zaun und stellt die Mülltonne von Vera und Mark gleich mit auf die Straße. Als Adrian aber um ihr Auto bittet – seines sei in der Werkstatt und die Tochter müsse dringend zum Arzt –, wird es Mark zu viel. »Ich habe heute einen wichtigen Termin«, behauptet Mark und schämt sich im gleichen Moment für die Notlüge. Warum kann er Adrian nicht einfach offen sagen, dass er jemandem, den er kaum kennt, sein Auto nicht leihen will? Vera und Mark fühlen sich überhaupt nicht mehr wohl. Trotzdem können sie nicht recht greifen, was sie eigentlich stört.

Grenzüberschreiter leben in einer Welt ohne Zäune und Türen. Deshalb verfügen sie über die Zeit, die Mittel und Möglichkeiten anderer, als wären es die eigenen. Sie erleben es als Ablehnung, wenn sich andere abgrenzen, statt sich gegenseitiger Hilfe, persönlichem Austausch und positiver Beeinflussung zu öffnen.

Betrachten wir die Welt noch einen Augenblick durch die Brille von Grenzüberschreitern. Sobald andere Grenzen setzen, fügen sie ihnen etwas Ähnliches zu wie Mobber ihren Opfern: Sie grenzen die Betroffenen aus. Sie schließen sie von Entscheidungsprozessen aus, sie entziehen ihnen den Zugang zu Ressourcen. »Moment mal«, werden Sie einwenden, wenn Sie im Kontakt mit einem Grenzüberschreiter stehen. »Aber es geht doch um meine Privatsphäre, meine Entscheidungen und mein Eigentum!« Aber wer bestimmt denn, was Sie für sich allein beanspruchen dürfen? Das ist Definitionssache. Grenzüberschreiter definieren den gemeinsamen Bereich sehr weit und erleben die Abgrenzung anderer daher als eine Art Mobbing. Sie fühlen sich zurückgewiesen, ausgegrenzt und um das betrogen, was für sie selbstverständlich ist. Diese Erfahrung haben sie häufig gemacht und sie haben deshalb gelernt, ihre angeblichen Rechte zu schützen – durch Ausdauer, geschickte Überredung und Selbstbehauptungsstrategien, die es jedem ungemütlich machen, der sie vermeintlich ausgrenzt. Zu ihren Strategien gehören zum Beispiel:

- den anderen unterbrechen;
- sich mehr Redezeit nehmen als die anderen;
- ein Nein ignorieren;
- Entscheidungen treffen, ohne den anderen zu fragen, den es auch betrifft;
- keinen Kompromiss eingehen, in der Hoffnung, dass sich der andere dann irgendwann fügt;
- so tun, als hätte jemand sein Einverständnis schon gegeben;
- nach den Gründen für ein Nein fragen, um die Gründe dann sofort in Zweifel zu ziehen;
- dem anderen durch eine beleidigte Reaktion ein schlechtes Gewissen machen (in der Hoffnung, dass jemand dann doch noch nachgibt).

Wie Sie Grenzüberschreiter realistisch sehen

Grenzüberschreiter sind beziehungsorientierte Persönlichkeiten, die ein starkes Gemeinschaftsgefühl haben. Sie leisten dort am meisten, wo Einmischung notwendig ist, zum Beispiel in der Kleinkinderziehung. Kinder von Grenzüberschreitern berichten oft, dass sie eine innige, harmonische Kindheit hatten. Erst in der Pubertät sind schwere Konflikte ausgebrochen, wenn Kinder das Recht auf eigene Entscheidungen und eine Privatsphäre in Anspruch genommen haben. In sozialen Berufen sind Grenzüberschreiter mit ihrer Energie, Dinge für andere zu regeln, oft hilfreich. Dass sie hier und da zu weit gehen, nehmen Menschen oft dankbar in Kauf. Auch im Vertrieb oder wo Dinge zu kontrollieren sind, können sich Grenzüberschreiter bewähren. Allerdings besteht dort immer das Risiko, dass schwere Konflikte aufbrechen, dann nämlich, wenn sich jemand gegen die dominanten Seiten von Grenzüberschreitern zu wehren beginnt. Schulgründungen, Bürgerinitiativen oder Hilfswerke sind nicht denkbar ohne die Energie von Grenzüberschreitern, die andere motivieren, für eine gute Sache auch einmal über die eigenen Grenzen hinauszuwachsen.

Doch auch wenn es jahrelang gut geht: Früher oder später setzen grenzüberschreitende Menschen einen Machtkampf in Gang, der sich hochschaukelt. Manchmal unterliegen sie dann und werden ausgegrenzt. Kluge Grenzüberschreiter halten aber so lange durch, bis andere aufgeben. Überfordert von den ständigen Kämpfen räumen andere schließlich das Feld. Viele Versetzungen, Kündigungen, Vereins- und Kirchenaustritte sind Grenzüberschreitern geschuldet. Die nahen Bezugspersonen von Grenzüberschreitern leiden oft unter psychosomatischen oder depressiven Beschwerden. Manche passen sich an und schrumpfen zu einer kindlich-abhängigen Persönlichkeit. Sie erleben dadurch eine harmonische Beziehung zu Grenzüberschreitern. Danach brauchen Betroffene aber oft professionelle Hilfe, um wieder zu sich selbst zu finden.

Verhängnisvollerweise bringen sich Grenzüberschreiter am liebsten dort ein, wo intensive Zusammenarbeit gefragt ist, zum Beispiel in Teams, größeren Unternehmen und Vereinen. Gleichzeitig schätzen sie den Einfluss, den Menschen in Führungspositionen oder als Ausbilder haben. Damit tauchen Grenzüberschreiter genau da auf, wo Machtkämpfe den größten Schaden anrichten.

Wo Nächstenliebe ansetzen kann

So richtig sympathisch dürften Ihnen Grenzüberschreiter nach dieser Einführung nicht vorkommen. Wir beleuchten hier ja deren dunkle Seiten. Von diesen abgesehen können sie wunderbare Menschen sein. Wie können wir einen Zugang zu diesen positiven Seiten finden? Alles beginnt damit, dass man den wunden Punkt erahnt, der hinter den

Grenzüberschreitungen steht. In der Lebensgeschichte von Grenzüberschreitern findet sich oft die Erfahrung, um die eigenen Rechte betrogen worden zu sein. Das Bedürfnis danach, wahrgenommen zu werden, Bedürfnisse gestillt zu bekommen, ein Recht auf Schutz, Wohlbefinden, Zugehörigkeit und Selbstbestimmung, all das ist oft in traumatischer Weise verletzt worden. Ich höre das und denke: »Wie konnte das ein Kind überhaupt ertragen? Kein Wunder, dass sich eine Person heute so übertrieben behauptet und lieber bestimmen will, als sich bestimmen zu lassen.«

Auch wenn wir uns gegen die Grenzüberschreitungen wehren müssen, können wir dies in einer Haltung von Wertschätzung und Respekt tun, die wie eine Salbe auf die Kindheitswunde wirkt. Wenn wir die Gefahr früh erkennen und rechtzeitig Grenzen setzen, kann alles gelassener und sanfter geschehen. Denn wenn wir Grenzüberschreitungen erst zulassen und uns dann abrupt verschließen oder wütend Grenzen setzen, tragen wir zu einer Eskalation bei. Grenzüberschreiter erleben das als Missachtung ihrer Interessen. Sie rüsten sich zum Kampf.

Wenn wir respektvoll bleiben und auf berechtigte Interessen eingehen, kann ein Miteinander vielleicht doch gelingen – obwohl wir unsere Grenzen verteidigen. Nächstenliebe heißt dann:

- kleinere Grenzüberschreitungen akzeptieren, wegen derer sich eine Auseinandersetzung nicht lohnt;
- annehmen, dass eine Person nicht von sich aus Grenzen wahren kann, sondern unsere Hilfe dabei braucht;
- wertschätzend, respektvoll und unterstützend bleiben, obwohl es eine Person vielleicht nicht verdient.

Beachten Sie, dass in dieser Aufzählung weder Freundschaft noch emotionale Nähe vorkommen. Dazu verpflichten auch eine soziale Einstellung oder Nächstenliebe nicht. Nahekommen darf uns nur, in dessen Gegenwart wir uns wohl- und sicher fühlen. Und das trifft auf manche Menschen leider nicht zu.

Grenzüberschreiter befrieden

In manchen Fällen steht es in unserer Macht, die Grenzen so zu setzen, wie wir es wollen, besonders wenn es um unser Eigentum, unsere Entscheidungen, unsere Verantwortungsbereiche und unsere Zeit geht. Dann geht es im Wesentlichen um die Kunst des Neinsagens. Sie geht taktvoll vor. Gleichzeitig bietet sie möglichst wenig Angriffsfläche für Verhandlungen. Hier ein paar Tipps dafür:

- Auch wenn Ihr Zorn berechtigt ist, sollten Sie ruhig und freundlich bleiben. Grenzüberschreiter sind sehr sensibel dafür, ob Sie die Umgangsformen wahren.
- Machen Sie Ihr Nein mit Ihrer Körpersprache glaubwürdig: durch einen direkten Blickkontakt, eine feste Stimme, eine aufrechte Körperhaltung.
- Wenn möglich, bieten Sie eine Alternative an. Das kann sich so anhören: »Zu der Besprechung kann ich in dieser Woche nicht kommen, ich werde aber das Protokoll gründlich lesen.« Oder: »Was meinen Kleidungsstil angeht, entscheide ich lieber selbst. Ich würde mich aber freuen, wenn ich dich um Rat fragen dürfte, wenn es ums Kochen geht.«
- Manchmal mildert es ein Nein, wenn man um eine kurze Bedenkzeit bittet. Das zeigt, dass Sie den Wunsch des Grenzüberschreiters ernst nehmen. Außerdem gewinnen Sie Zeit, um über eine Begründung nachzudenken. Danach wählen Sie einen Kommunikationsweg, der Ihnen am angenehmsten ist: die persönliche Begegnung, ein Anruf, eine E-Mail oder eine Textnachricht.

Oft ist es aber mit einem Nein nicht getan. Ein Nein ist eher wie der Aufschlag beim Tennis, der den Ball ins Spiel bringt. Grenzüberschreiter sind hartnäckig und einfallsreich, wenn es darum geht, ein Nein auszuhebeln. Manchmal reagieren sie auf ein Nein, als hätten sie gar nicht genau hingehört, oder lenken die Aufmerksamkeit auf etwas anderes. Kurze Zeit später versuchen sie genau das zu erreichen, was andere gerade abgelehnt haben, so als wäre das Nein nie ausgesprochen worden. Das kann wütend machen oder bedrohlich wirken. Am besten hilft dann eine Gelassenheit weiter, wie man sie gegenüber Schwerhörigen zeigt: die Dinge einfach wiederholen – deutlich, aber bemüht, trotzdem freundlich zu klingen. Man lässt die Wiederholung beiläufig klingen und variiert sie ein wenig, dann wirkt sie wie ein normaler Fortgang des Gesprächs.

Wenn Grenzüberschreiter Macht haben

Grenzüberschreiter nehmen sich mehr Einfluss, als ihnen zusteht. Wenn Sie tatsächlich Dinge entscheiden dürfen, zum Beispiel als Vorgesetzte oder Vermieter, entstehen die schwierigsten Situationen. Folgendes Beispiel illustriert dies.

Sabrinas Einstieg als Leiterin eines Kindergartens wirkt vielversprechend. Sie bietet allen im Team das Du an. Sie sorgt für Tee und Gebäck. Doch bald verändern sich die Besprechungen. Sie ziehen sich in die Länge und drehen sich fast nur noch um Sabrinas Anliegen. Wenn die ausführlich besprochen sind, bleibt für die Themen der Kolleginnen keine Zeit mehr. Deshalb schlägt Dorothee vor, eine Tagesordnung einzuführen und zu Beginn die Besprechungspunkte zu sammeln. Darauf lässt sich Sabrina ein, versteht es aber, ihre Punkte nach vorne zu ziehen: »Darauf muss ich leider bestehen, weil die Zeit drängt.« Oft geben die Kolleginnen schon deshalb nach, weil sie nicht wieder zu spät in ihre Gruppen kommen wollen. Viele Entscheidungen, die die Erzieherinnen bisher selbstständig getroffen haben, zieht Sabrina an sich. Sie findet fast immer eine Vorschrift, mit der sie dies begründen kann. Sabrina belehrt die Kolleginnen, wie sie sich im Herbst vor Infekten schützen können und welchen Einfluss es auf die Kinder hat, wenn Erzieherinnen Markenkleidung tragen. Einmal verliert Dorothee die Selbstbeherrschung: »Jetzt hör doch auf, mich zu erziehen. Ich bin ein erwachsener Mensch und eine ausgebildete Fachkraft.«
»Wie redest du denn mit mir?«, kontert Sabrina ruhig, aber streng. »Wir wollen respektvoll miteinander umgehen. Ich erziehe niemanden. Ich achte nur auf einige Dinge, die es braucht, damit es hier gut läuft.« Dorothee bringt eine entschuldigende Erklärung hervor und räumt das Feld. Es kommt ihr so vor, als ob Sabrina nun in ihrer Gruppe häufiger nach dem Rechten schaut.

Wo Grenzüberschreiter Macht haben, kann die Zusammenarbeit oder das Zusammenleben zum Albtraum werden. Betroffene entwickeln Angststörungen, Depressionen oder Burn-out-Zustände. Doch selbst wenn man von einem Grenzüberschreiter abhängig ist, gibt es Strategien, die eine Grenzziehung ermöglichen.

Dazu müssen wir wissen: Grenzüberschreiter leben mit dem chronischen Gefühl, dass ihnen Unrecht geschieht oder zumindest droht. Deshalb schätzen sie Regeln, Gesetze und Autorität. Auch der Gedanke von Gerechtigkeit und Gleichbehandlung zieht Grenzüberschreiter an. Einem grenzverletzenden Vermieter könnte man einen Auszug aus dem Mietrecht vorlegen. Dabei darf man nicht den Eindruck erwecken, ein Gesetz als Machtmittel zu missbrauchen. Vielmehr wird das Gesetz wie ein fairer Schiedsrichter angerufen: »Ich habe mir Gedanken gemacht, wie wir diese Sache fair regeln können. Dazu habe ich in das Mietrecht hineingelesen und ich glaube, dass da ein fairer Interessensausgleich gelungen ist.«

Im Arbeitsleben können Sie sich auf fachliche Autoritäten, Dienstanweisungen oder Unternehmensgrundsätze berufen. Nicht jedem macht es Freude, sich in Regelwerke, Leitbilder, Vorschriften oder Gesetze einzulesen. Aber im Umgang mit Grenzüberschreitern gilt auf besondere Weise: Wissen ist Macht.

Wer Glück hat, findet eine Autorität, die dem Grenzüberschreiter übergeordnet ist. Im Fall von Sabrina fanden die Erzieherinnen einen Rückhalt beim Träger des Kindergartens. Sie dokumentierten die Grenzüberschreitungen und trugen sie auf eine höhere Ebene. Der Träger nahm Gespräche mit Sabrina auf. Als sich dennoch nichts änderte, drängte dieser auf den Vorruhestand von Sabrina, in den sie schließlich einwilligte. Dieses Ergebnis war einerseits erleichternd, andererseits auch traurig. Denn Sabrina war eine Chefin, die ihre Aufgaben engagiert und kompetent erledigte. Aus diesem Grund kann man sich auch nicht sicher sein, dass eine höhere Ebene in den Grenzüberschreitungen ein Problem sieht. Dann kann man mit den Strategien dieses Kapitels vielleicht einen erträglichen Zustand herstellen und die berufliche Zufriedenheit aus Dingen ziehen, die gut sind. Manchmal sichern die Strategien gegen Grenzüberschreitungen nur das emotionale Überleben, bis eine berufliche Veränderung möglich wird. Die Erleichterung, von der Betroffene berichten, die sich von einem Grenzüberschreiter befreit haben, gleicht einem ungeahnten Glück.

Wo jede Toleranz endet

Wie schon erwähnt, setzen sich Grenzüberschreiter über Wünsche und Rechte ihrer Mitmenschen hinweg:

- Sie verwenden das Eigentum anderer, ohne zu fragen.
- Über gemeinsame Ressourcen verfügen sie, als ob sie ihnen allein gehören würden.
- Sie treffen Entscheidungen, mit denen sie in die Zeitplanung und Verantwortungsbereiche anderer eingreifen.
- Sie verschaffen sich manchmal sogar Zugang zu Informationen, indem sie fremde Unterlagen, Post, Kalender, Dateien, E-Mails oder Handys einsehen.

Wer Grenzüberschreiter deswegen zur Rede stellt, stößt selten auf Schuldbewusstsein. Stattdessen spielen sie ihr Verhalten herunter. Sie finden Gründe, die es rechtfertigen. Es bleibt nichts, als Anreize zu setzen, die mehr wiegen als der Gewinn der Grenzüberschreitung. Das ermöglicht eine Kommunikationsstrategie, die im Therapeutenjargon »empathische Konfrontation« heißt:

> »Wenn Sie meine Unterlagen lesen, ohne mich vorher zu fragen, dann erlebe ich das als Eindringen in meinen persönlichen Bereich. Ich spüre dann den Wunsch, alles unter Verschluss zu halten, was Sie interessieren könnte. Aber das wollen wir doch beide nicht. Grundsätzlich teile ich gerne Informationen mit Ihnen.«

Im Privatleben kann eine empathische Konfrontation so klingen:

> »Ich bin dir sehr dankbar, dass ich dir die Kinder gelegentlich bringen kann. Aber wenn du erlaubst, was ich ihnen verbiete, macht mir das die Erziehung schwerer und ich bringe die Kinder mit einem unguten Gefühl zu dir. Das wäre doch schade.«

Die empathische Konfrontation weist auf negative Folgen hin, die für den Grenzüberschreiter bedeutsam sind. Die natürliche Konsequenz auf Grenzüberschreitungen besteht in einer verstärkten Abgrenzung: Informationen unter Verschluss halten oder die Enkel seltener bringen. Genau das wäre aber die Beziehungserfahrung, die Grenzüberschreiter fürchten. An diesem wunden Punkt kann man sie oft packen. Das gelingt umso besser, je mehr man das Interesse an einer guten Beziehung oder Zusammenarbeit ausdrückt. Wer Grenzüberschreitern etwas Gutes tun will, schenkt ihnen ein Gefühl der Zugehörigkeit und kommt ihren Interessen von sich aus entgegen. Wie im Umgang mit allen schwierigen Menschen fallen dabei Mitgefühl und Eigennutz zusammen: Wer die Angst vor Ausgrenzung beruhigt, verringert grenzverletzendes Verhalten. Im Idealfall verwandelt sich ein Grenzüberschreiter in einen treuen Verbündeten, der für eine gute Sache kämpft.

Doch auch wenn sich die Beziehung entspannt, wird es immer wieder Grenzüberschreitungen geben. Gegen sie hilft eine Selbstbehauptungsstrategie, die sanft, aber wirksam ist. Diese besteht ganz einfach darin, selbstsicher und ausdauernd auf dem eigenen Recht zu beharren. Dies lässt sich gut an folgendem Problem demonstrieren. Fast alle Grenzüberschreiter beanspruchen übermäßig viel Redezeit, sei es in Teamsitzungen oder in privaten Gesprächen. Gerade zurückhaltenden Menschen fällt es schwer, den Konflikt um Redezeit offen auszutragen. Dann eröffnen Höflichkeit und Respekt einen Spielraum, in dem man sich auch ausdauernd behaupten kann:

- »Darf ich meinen Gedanken noch zu Ende führen?«
- »Entschuldigung, ich war noch nicht ganz fertig. Ich möchte noch ...«
- »Verzeihen Sie, wenn ich unterbreche. Ihre Informationen sind sehr hilfreich. Uns bleiben aber heute nur noch 20 Minuten. Diese Zeit möchte ich noch für das Thema ... nutzen.«
- »Bitte lassen Sie mir noch etwas Raum für diesen wichtigen Punkt.«
- »Entschuldigung, ich habe Ihnen nun aufmerksam zugehört und werde Ihr Anliegen so gut unterstützen, wie ich es kann. Jetzt habe ich aber auch das Recht, den folgenden Punkt anzusprechen, der in meinem Verantwortungsbereich liegt.«

Variationen dieser Sätze können Sie so lange wie nötig fortführen. Mit ein wenig Übung kann man auf diese Weise ausdauernd für sein Recht eintreten. Auch das stärkste Mitteilungsbedürfnis kommt nicht gegen eine Grenze an, die so beharrlich verteidigt wird. Dann öffnet sich – endlich! – ein Raum für das eigene Anliegen. Auch andere Rechte lassen sich mit dieser Selbstbehauptungsstrategie durchsetzen.

Annehmen, was nicht zu ändern ist

Grenzüberschreiter lösen bei anderen ein Gefühl der Ohnmacht aus. Betroffene grübeln dann lange – wie sie ihre Rechte wahren und wie sie den Grenzüberschreitungen entgehen können. Doch es gibt leider keine Methode, wie man dem unangenehmen Verhalten ganz entgehen könnte. Einige Betroffene entwickeln Schlafstörungen, weil sie selbst nachts mit den Konflikten beschäftigt sind. Selbst wenn es ihnen gelingt, ihre Grenzen zu schützen, rauben ihnen die Auseinandersetzungen alle Energie. Denn auch wer heute eine Grenze verteidigt, steht morgen vielleicht vor der nächsten Auseinandersetzung.

Wenn die Auseinandersetzungen über die eigenen Kräfte gehen, darf man mit gutem Gewissen mehr Abstand herstellen. Betroffene lösen sich dann aus einer Beziehung. Sie beschränken den Kontakt und die Zusammenarbeit auf das Nötigste. Manchmal kann man einem Grenzüberschreiter nicht aus dem Weg gehen. Dann bleibt nichts, als sich der Herausforderung zu stellen und die Strategien dieses Kapitels so gut wie möglich umzusetzen.

Wenn das zu sehr an die Nerven geht, kann eine professionelle Begleitung helfen, zum Beispiel durch ein Coaching und eine Psychotherapie. Dann führt eine Situation, die man sich so nie ausgesucht hätte, zu einem persönlichen Wachstum. In der Auseinandersetzung mit Grenzüberschreitern kann man innere Sicherheit, einen klugen Umgang mit Macht, Respekt und natürlich Neinsagen lernen.

Wie es weitergeht

Hier finden Sie noch einen Überblick über die Strategien, die bei Grenzüberschreitungen helfen.

- Lassen Sie sich nicht zu schneller Vertraulichkeit und Offenheit verführen.
- Auch wenn Sie verärgert sind oder sich bedroht fühlen: Bleiben Sie freundlich und respektvoll.
- Sagen Sie taktvoll, aber ausdauernd Nein, um Ihre Privatsphäre und Selbstbestimmung zu schützen.
- Setzen Sie Selbstbehauptungsstrategien ein, um sich ein faires Maß an Redezeit, Ressourcen und Einfluss zu sichern.
- Konfrontieren Sie Grenzüberschreiter einfühlsam mit den Folgen, die ihr Verhalten auf Ihre Gefühle und Ihr Verhalten hat.
- Berufen Sie sich auf Gesetze, Bestimmungen oder Ihre Prinzipien. Wo möglich, schalten Sie gelegentlich eine höhere Stelle ein, die für einen fairen Interessensausgleich sorgt.

Sind Sie gerade mit einem Grenzüberschreiter konfrontiert? Oder sitzt Ihnen eine Erfahrung noch so in den Knochen, dass es gut wäre, sie zu verarbeiten?

Dann führen die folgenden Fragen und Anregungen weiter. Nehmen Sie sich dazu etwas Zeit und notieren Sie Ihre Gedanken.

Analysieren Sie Ihren Grenzüberschreiter

1. Auf welche Weise verletzt Ihr Grenzüberschreiter Ihre Interessen? Halten Sie zwei oder drei charakteristische Beispiele fest.
2. Welche Folgen haben die Grenzüberschreitungen für Sie? Welche Gefühle lösen diese bei Ihnen aus? (Typisch sind Bedrohung, Angst, Unsicherheit, Wut, Ärger, Hilflosigkeit und Ohnmacht.)
3. Wie haben Sie bisher auf die Grenzüberschreitungen reagiert? Orientieren Sie sich dabei an den grundlegenden Stressreaktionen: Unterwerfung (»Ich ertrage es einfach und lasse den anderen machen.«); Flucht (»Ich regele die Dinge hinter dem Rücken meines Grenzüberschreiters.«); Kampf (»Ich stürze mich in Diskussionen und Machtkämpfe.«)

4. Was wünschen Sie sich von Ihrem Grenzüberschreiter? Wie müsste sich die Situation verändern, damit Sie sich wieder wohlfühlen?
   Hier haben Sie bereits Ziele formuliert. Unterstreichen Sie die Ziele, deren Erreichen in Ihrem Einflussbereich liegt (zum Beispiel zu etwas Nein zu sagen) mit einer Linie. Markieren Sie Ziele, deren Verwirklichung nicht in Ihrer Macht liegt, mit einer unterbrochenen Linie. Diese Ziele müssen Sie vielleicht aufgeben. Ein gewisses Maß an Grenzüberschreitungen kann man oft nicht verhindern.

Befrieden Sie Ihren Grenzüberschreiter

1. Haben Sie zu Ihrem Grenzüberschreiter schon eine zu große Nähe, Offenheit oder Vertraulichkeit entstehen lassen? Ist die Zusammenarbeit bereits enger, als es das Maß an Vertrauen zwischen Ihnen eigentlich erlaubt? Dann überlegen Sie hier, auf welche Weise Sie wieder einen angemessenen Abstand herstellen können, am besten unauffällig und taktvoll.
2. Haben Sie bereits genervt, unhöflich oder sogar ausgrenzend reagiert? Haben Sie in einer Gegenreaktion aufgehört, Ihren Grenzüberschreiter zu informieren, zu beteiligen oder einzubeziehen? Wenn ja, auf welche Weise könnten Sie das korrigieren?
3. Wo wollen Sie in Zukunft Nein sagen und auch bei einem Nein bleiben, wenn Ihr Grenzüberschreiter zu verhandeln beginnt?
4. Wo wollen Sie selbstbewusst und ausdauernd für Ihre Rechte eintreten, bis Ihr Grenzüberschreiter nachgibt? Auf welche Rechte, Regeln oder Autoritäten könnten Sie sich dabei berufen? Gibt es Konsequenzen, die Sie zur Not ankündigen und folgen lassen könnten, wenn sich Ihr Grenzüberschreiter nicht auf faire Regelungen einlässt?
5. Sie kennen nun den wunden Punkt Ihres Grenzüberschreiters: ausgegrenzt und um seine Rechte betrogen zu sein. Was könnten Sie tun, um Höflichkeit, Respekt, Zugehörigkeit, Großzügigkeit und Unterstützung auszudrücken (natürlich ohne dabei Ihre Grenzen aufzugeben)?

Grenzüberschreiter sind Meister im Nahkampf. Sie beherrschen die vereinnahmende Freundlichkeit genauso wie das zähe Ringen um Einfluss. Ein anderer schwieriger Typ kämpft nicht. Er spielt stattdessen mit Ihren Wahrnehmungen und Gefühlen.

Blenden

Blender lassen uns glauben, dass wir bei ihnen in den besten Händen sind. Sie geben uns das Gefühl, dass wir viel von ihnen erwarten können. Doch bald machen wir Beobachtungen, die uns an den schönen Worten zweifeln lassen. Blender lösen ihre Versprechen nicht ein. Auf diese Weise täuschen und enttäuschen sie. Dennoch ist es oft nicht möglich, sie zu entlarven. Das folgende Beispiel führt Sie in eine Welt der Täuschung ein.

In den ersten Tagen wirkt der neue Teamleiter wie der Hauptgewinn in einer Lotterie. Er geht auf alle Kollegen zu. Er scherzt, er spricht mit jedem ein paar nette Worte – man fühlt sich einfach gut in seiner Nähe. Und das, obwohl er ein ungewöhnliches Maß an Erfahrung mitbringt. Mit den führenden Unternehmen habe er schon zusammengearbeitet, über jeden Trend scheint er informiert und vielen Fachleuten sei er schon persönlich begegnet. Doch seine Beiträge zu den Besprechungen irritieren. Seine Ideen und Analysen klingen zwar gut, passen aber gar nicht zum Problem. Nach einer Besprechung ist Johanna verwirrt und fühlt sich von ihrem vielversprechenden Teamleiter im Stich gelassen. Sie hat nicht verstanden, was er über wichtige Entscheidungen denkt. Deshalb vereinbart sie ein persönliches Treffen und legt ihm noch mal ihre Fragen vor. Doch der Neue wird ungehalten und betont, dass er in seinem Team nicht die Lösungen vorgeben möchte. Johanna geht nachdenklich an ihren Schreibtisch zurück. Sie fragt sich, ob sie ihn vielleicht von wichtigeren Dingen abhält und tatsächlich unnötige Fragen stellt.

Blender sind oft begabt. Aber ihr Hang zur Selbstdarstellung macht sie unbelehrbar. Deshalb lassen sie sich nicht helfen. Sie fragen nicht nach, sie bitten nur selten um Rat oder Hilfe. Wo andere im Laufe ihres Lebens ihre Fähigkeiten erweitern und Wissenslücken schließen, bleiben bei Blendern peinliche Defizite. Deren Entlarvung fürchten sie zu Recht. Viele Blender haben die Konzepte ihres Berufes nur oberflächlich verstanden oder setzen sie anfängerhaft in die Praxis um. Andererseits haben Blender oft Spezialgebiete, für die sie eine Begabung besitzen. Ihr soziales und berufliches Überleben hängt dann davon ab, dass sie sich nur auf Gebieten zeigen, auf denen sie fähig sind. Blender wehren deshalb alle Anliegen ab, die sie auf unsicheres Gelände führen. Sie erklären solche Anliegen für unwichtig, ignorieren sie oder veranlassen, dass sich andere darum kümmern. Als Vorgesetzte ziehen Blender alle Aufgaben auf das Gebiet, auf dem sie sich sicher fühlen. Wenn der Erfolg aber auf Fähigkeiten beruht, die Blender nicht besitzen, gerät ein Team unter Druck. Für Blender gilt ein Sprichwort in besonderer Weise: »Wer als Werkzeug nur einen Hammer hat, sieht in jedem Problem einen Nagel.« In der Zusammenarbeit kann einen das verrückt machen.

Am besten wären Blender in Berufen aufgehoben, in denen wenige spezielle Fähigkeiten benötigt werden. Aber Blender suchen eine Bühne, auf der sie Anerkennung finden. Das zieht sie in soziale Berufe, in Beratung, Verkauf und oft auch in Führungspositionen. Verhängnisvollerweise kommt es dort aber auf fachliche, organisatorische und kommunikative Fähigkeiten gleichermaßen an. Neben der Beherrschung seines Fachgebiets muss man gut organisieren, motivieren, Konflikte lösen und kommunizieren können. Daran scheitern Blender. Manchmal werden ihre Misserfolge offensichtlich, dann besteht ihr Leben darin, sie zu entschuldigen. Oft gelingt es Blendern aber, ihre Misserfolge zu verschleiern. Sie lasten diese den Umständen an oder schieben anderen die Schuld in die Schuhe.

In privaten Beziehungen suchen Blender ein Publikum, das sie bestätigt. Sie schmücken sich mit tatsächlichen oder angeblichen Erfolgen. Sie spielen mit Statussymbolen. Sie berichten von Eroberungen in der Liebe, Kontakten zu wichtigen Persönlichkeiten und weihen andere in ihre hochtrabenden Pläne ein. Ob man ihre fesselnde Selbstdarstellung unterhaltsam findet oder unangenehm, ist Typsache. Aber spätestens, wenn Zuhörer bemerken, dass das so nicht alles stimmen kann, stellt sich ein befremdliches Gefühl ein. Manchmal geraten Betroffene unter den Zwang, darüber nachzudenken, was an den Geschichten gelogen oder zumindest übertrieben ist. Sie entwickeln ein Bedürfnis, die Unstimmigkeiten zu entlarven. Sie erzählen anderen die unglaublichen Geschichten. Man zweifelt, widerlegt und empört sich und bleibt so doch im Bann des Blenders.

In nahen Beziehungen kommt die Enttäuschung unausweichlich. Ein Blender sagt von sich, er habe früher mit seinem Vater ein ganzes Bauernhaus modernisiert. In seiner Familie dagegen kümmert er sich monatelang nicht um die Tür, die übers Parkett schabt. Die heißen Tipps eines Blenders zur Geldanlage, Pflanzenpflege oder zur Lösung eines PC-Problems erweisen sich als Flop. Manchmal erkennt man Blender erst, wenn sich die ersten Enttäuschungen einstellen.

Wie Sie Blender realistisch sehen

Blender haben ein Gespür für die Bedürfnisse anderer Menschen. Oft spielen sie genau die Rolle, die von anderen gewünscht wird. Blender sind anregende Gesprächspartner. Mit ihren unglaublichen Geschichten können sie andere bestens unterhalten. Meist sind sie Naturtalente in einem speziellen Bereich und können dort Erstaunliches leisten. Wenn Blender ein Instrument beherrschen, wissen sie, wie sie anderen damit Freude machen. Wenn sie einflussreiche Freunde gewonnen haben, geben sie Privilegien gerne weiter.

Blender kommen außerdem einem menschlichen Grundbedürfnis entgegen: Wir lieben Illusionen. Mit dem Auto wollen wir uns ein Lebensgefühl kaufen, durch Bioprodukte den Einklang mit der Natur. Blender sind die geborenen Illusionisten, die aus Kieseln Edelsteine machen. Wo immer wir ein wenig Selbstbetrug brauchen, um uns zu begeistern oder unser Gewissen zu beruhigen, können wir auf die Hilfe von Blendern zählen.

Doch dieses Licht von Blendern wirft auch Schatten. Denn wo zu hohe Erwartungen geweckt werden, folgt die Enttäuschung. Dann tut es weh, wenn man Aufmerksamkeit, Hoffnung, Zeit oder Geld in falsche Versprechungen investiert hat. Oft schwanken Betroffene dann zwischen dem Zorn auf den Blender und der Wut auf sich selbst, so gutgläubig gewesen zu sein.

Wo Nächstenliebe ansetzen kann

Wer Ihnen als Blenderin oder Blender begegnet, befindet sich in einer kritischen Lebensphase. Wahrscheinlich gab es auch Lebensphasen, die erfolgreich und bestätigend waren. Dann stellt sich der Stachel Blenden seltener auf und eine Person kann gewagte Versprechen einlösen. So können Blender motivierende Freunde oder Kollegen sein. Allerdings bringen sie Misserfolge aus dem Gleichgewicht. Dann helfen sich Blender mit jenen Täuschungen und falschen Versprechen, die anderen gefährlich werden können.

Hinter dem Stachel Blenden steht eine traurige Geschichte. Kinder haben eine Liebe erfahren, die an Bedingungen geknüpft war. Aufmerksamkeit, Zuwendung und Lob gab es vor allem, wenn ein Kind etwas Bewundernswertes verkörpert hat: Klugheit, Schulerfolg, Sportlichkeit, ein bezaubernder Charme oder ein vorbildliches, soziales Verhalten. Um sich geliebt zu fühlen, müssen Kinder dann lernen, sich selbst darzustellen. Sie mogeln weg, was ihnen nicht gelingt.

Je entspannter wir Blender durchschauen, desto eher können wir ihnen helfen, sich für ihre natürlichen Eigenschaften wertvoll zu fühlen, vielleicht Freundlichkeit, Humor, Hilfsbereitschaft oder etwas, das sie können, ohne dabei übertreiben zu müssen. Dafür sollten wir ihnen viel Aufmerksamkeit schenken und Anerkennung aussprechen. Das fällt nicht leicht, wenn jemand so tut, als wäre er der Größte und Beste. Es ist eine Nächstenliebe, die etwas kostet. Oft entspannt das die Beziehung und wir erleben mehr Momente der Ehrlichkeit. Dann fällt es auch leichter, wenn wir uns in anderen Momenten vor dem Stachel des Blendens schützen müssen.

Blender entzaubern

Wenn ein Blender in Ihr Leben tritt, stehen Sie vor zwei Aufgaben: Vor allem sollten Sie die Selbstdarstellung des Blenders durchschauen. Dann fallen Sie nicht auf die unglaublichen Geschichten herein. Sie investieren weder Zeit noch Geld noch Aufmerksamkeit in Luftschlösser. Schließlich müssen Sie einen Umgang mit dem Unvermögen finden, das Blender so gut kaschieren. Sie können sich unabhängig machen und Blender zu echter Leistung motivieren. Das geht leichter, wenn Sie eine gute Chemie zusammenbrauen. Welche Zutaten es dafür bei Blendern braucht, wissen Sie bereits: Aufmerksamkeit, Staunen, Lob und das Hinwegsehen über Defizite. Wo Blender etwas können und ihre Fähigkeit für andere einsetzen, sollte man sie reichlich anerkennen. Das erleichtert alles Übrige.

Blender faszinieren uns. Sie blasen einen Tropfen Wahrheit zu einer bunten Seifenblase auf. Aber niemand muss ihre Seifenblasen beachten. Man kann sie auch einfach vorüberziehen lassen und die Aufmerksamkeit auf andere Dinge richten. Das wird schwer, wenn uns Blender etwas versprechen, wonach wir uns sehnen: besondere Erlebnisse, Lebenschancen, Erfolg, einen finanziellen Gewinn oder den Zugang zu besonderen Persönlichkeiten. Wie geht man mit solchen Versuchungen um? Fachleute wie der amerikanische Psychologe Albert Bernstein raten, die Projekte von Blendern genau zu prüfen.[2] Man könne vorher genaue Informationen einholen und das Vorhaben eines Blenders auf Herz und Nieren prüfen. Mein Rat geht einen Schritt weiter: Investieren Sie in die Vorhaben von Blendern weder Zeit noch Geld. »Wo dein Schatz ist, da ist dein Herz«, heißt es schon in der Bibel. Wo Sie sich engagieren, gehen Sie eine emotionale Bindung ein, die Ihre Gefühle in die Abhängigkeit eines schwierigen Menschen bringt. Natürlich kann das Projekt eines Blenders auch gelingen und damit interessante Chancen eröffnen. Doch das Risiko eines Scheiterns ist höher als bei einem vertrauenswürdigen Menschen. Aber noch schwerer wiegt: Wenn ein vertrauenswürdiger Mensch einen Misserfolg hat, kann man damit viel leichter umgehen als mit dem Gefühl, einem Blender auf den Leim gegangen zu sein.

Unabhängig bleiben

Niemand muss sich also am Bau von Luftschlössern beteiligen. Aber wie vermittelt man Blendern auf taktvolle Weise ein Nein? Wir erinnern uns: Vor nichts fürchten sich Blender mehr als vor der Entlarvung ihrer Defizite. Ein Nein darf deshalb nicht entlarvend klingen. Auf der sicheren Seite sind Sie mit einer vagen Begründung, die zum Beispiel so klingen könnte:

- »Tut mir leid. Ich hätte dabei kein gutes Gefühl.«
- Oder: »Nein, mein Bauchgefühl rät mir davon ab. Das ist aber etwas ganz Persönliches.«
- Oder: »Das kann ich leider nicht. Ich weiß nicht, ob ich mich damit hinterher wirklich wohlfühlen würde.«

Der Umgang mit Blendern schult unsere Urteilskraft. Denn auch unter schwierigen Bedingungen kann man erkennen, wer unser Vertrauen verdient. Blender suchen sich mit Vorliebe Tätigkeiten, deren Ergebnis schwer zu beurteilen ist. Deshalb begegnen sie uns als Verkäufer, Finanzberater, Werkstattinhaber und auch in Gesundheitsberufen. Wie kann man hier erkennen, ob man einem Blender gegenübersteht?

2 Bernstein, Albert J. (2012). Emotional Vampires. Dealing with People Who Drain You Dry. McGraw-Hill Publ., New York. S.160.

Wenn sich ein Aktienfond schlecht entwickelt, kann dies an den unvermeidbaren Risiken liegen, aber auch am Unvermögen des Beraters. Auch wenn eine medizinische Behandlung nicht gut läuft, stellt man sich die Frage, ob dies am Krankheitsverlauf oder am Vorgehen eines Arztes liegt. Ehrliche Fachleute klären allerdings über die Risiken auf und gestehen offen ein, wenn etwas nicht gut läuft. Blender dagegen reden Misserfolge schön. Sie suchen nach Erklärungen, die sie von der Verantwortung befreien. Sie motivieren zum Weitermachen und lassen sich dabei zu neuen Versprechungen hinreißen, die zu schön klingen, um wahr zu sein. Spätestens dann ist es an der Zeit, sich eine zweite Meinung einzuholen. Oft entlarvt erst ein Arztwechsel, ein anderer neuer Berater oder die Suche nach einer alternativen Werkstatt das Unvermögen eines Blenders. Immerhin fühlt man sich bestätigt: »Ja, ich hatte die ganze Zeit so ein komisches Gefühl.« So wird man immer besser darin, Täuschungen zu erkennen.

Blender gelassen umgehen

Wenn sich ein Blutgefäß verschließt, legen Herzchirurgen einen Bypass, eine Umgehung, die das ursprüngliche Gefäß ersetzt. Auf ähnliche Weise müssen wir eine Umgehung finden, wenn ein Blender die lebenswichtige Versorgung blockiert. Besonders am Arbeitsplatz müsste er uns Informationen, Fähigkeiten oder Unterstützung zufließen lassen. Doch es kommt nichts.

Fast immer lässt sich woanders finden, was einem ein Blender nicht geben kann. Wo einem Chef die Kenntnisse fehlen, können Mitarbeiter woanders Hilfe finden: in einer Fortbildung, bei erfahrenen Kollegen oder bei einem externen Berater. Wenn zum Beispiel der PR-Mann Ihres Unternehmens ein Blender ist, wird er Ihr Projekt nicht öffentlichkeitswirksam platzieren. Aber vielleicht gibt es im Unternehmen jemanden, der sich in PR-Fragen gut auskennt und die mangelnden Fähigkeiten Ihres Blenders ausgleichen kann. In manchen Fällen lohnt es sich sogar, Know-how auf eigene Kosten zu erwerben, weil das besser ist, als beruflich auf der Stelle zu treten. Die Suche nach Alternativen entlastet emotional auch sehr. Denn wer bei einem Blender immer wieder sucht, was dieser nicht geben kann, vergeudet seine Kraft.

Besonders schwierig ist diese Frage in Liebesbeziehungen. Die

Menschen, die ich begleite, greifen nicht gerne auf die naheliegende Lösung zurück: sich in einer Affäre zu suchen, was einem in der Ehe vorenthalten wird.[3]

Blender zu Leistung motivieren

Einen weiteren Weg gibt es noch, mit dem Unvermögen von Blendern umzugehen: die Verantwortungsbereiche klar aufteilen. Wenn es Probleme gibt, kann man dann die eigene Leistung und den eigenen Beitrag benennen, der Misserfolg fällt dann auf den Blender zurück. Besprechungsprotokolle oder Rundmails sind gute Instrumente, um eine Aufgabenteilung festzuhalten. Dann kann Ihr positiver Beitrag selbst dann gewürdigt werden, wenn das Projekt durch einen Blender scheitert. Manchmal werden Sie auch eingreifen müssen, wenn ein Blender Ihren Beitrag als eigene Leistung darstellt. In solchen Fällen kann man – beiläufig und ohne Vorwurf – die eigene Leistung kenntlich machen: »Die Präsentation, die Frau Luft Ihnen gerade vorgestellt hat, habe ich erarbeitet. Deshalb ergänze ich noch folgende interessante Aspekte ...«

Manchmal schlägt Blendern die Stunde der Wahrheit. Denn jede Leistung lässt sich messen. An manchen Universitäten zum Beispiel werden die Leistungen von Professorinnen und Professoren von den Studierenden beurteilt. Die Qualität der Lehrveranstaltungen wird veröffentlicht. Das ist das Ende von Täuschung und Selbstbetrug. Blender geraten unter Druck, sich anzustrengen und die Qualität ihrer Leistungen zu verbessern. In anderen Bereichen kann man die Kundenzufriedenheit messen oder untersuchen, welche Abteilung zum Erfolg eines Unternehmens beiträgt. Wer eine Leistungsmessung einführen kann, zwingt Blender, sich Kompetenzen anzueignen, und wird mittelfristig besser mit ihnen auskommen.

Annehmen, was nicht zu ändern ist

Mit Blendern kommt man aus, wenn man ein gewisses Maß an Täuschung erträgt. Gleichzeitig erfordert der Umgang mit ihnen Achtsam-

3 In sehr notvollen Situationen hilft Ihnen vielleicht mein Videokurs »Ich liebe einen schwierigen Menschen«: www.psychotherapie-berger.de/schwereliebe

keit. Man muss immer mal wieder einen Schritt zurücktreten, Abstand gewinnen und das Gehörte prüfen. Schließlich muss man auch eine Unabhängigkeit wahren: durch Neinsagen, das Trennen von Verantwortungsbereichen oder durch die Suche nach Menschen, bei denen man das findet, was ein Blender einem schuldig bleibt. Das fällt nicht jedem leicht. Manche fallen auf falsche Versprechungen herein, obwohl sie es eigentlich besser wissen. Das taucht sie in Wechselbäder von Hoffnung und Enttäuschung. Oft ist dann Abstand die beste Lösung. Betroffene können den privaten Kontakt einschränken oder sich vielleicht sogar beruflich verändern.

Überfordernd kann der Umgang mit Blendern auch für Menschen sein, die als Kind unter der Selbstdarstellung eines Elternteils gelitten haben. Betroffene sind dann allergisch gegenüber Täuschungen. Sie reagieren mit Misstrauen, Entlarvungsversuchen und Groll. Auch dann ist es an der Zeit, sich die eigenen Grenzen einzugestehen und Abstand vom Blender zu suchen. Wenn das die berufliche oder private Situation nicht erlaubt, können eine professionelle Beratung, ein Coaching oder eine Psychotherapie helfen, mit Täuschungen entspannter umzugehen.

Wie es weitergeht

Hier finden Sie noch einen Überblick über die Strategien, die helfen, wenn vielversprechende Menschen versuchen, Sie zu täuschen.

- Misstrauen Sie einem Image oder Versprechen, die zu schön sind, um wahr zu sein.
- Akzeptieren Sie die Defizite von Blendern. Suchen Sie woanders, was Blender nicht geben können.
- Versuchen Sie nicht, Blender zu entlarven. Erzeugen Sie durch Anerkennung von positivem Verhalten eine gute Chemie.
- Investieren Sie nicht in Vorhaben von Blendern.
- Teilen Sie Verantwortungsbereiche klar auf, damit Ihnen das Unvermögen von Blendern nicht angelastet wird. Machen Sie Ergebnisse, wo möglich, messbar.

Sind Sie gerade mit einem Blender konfrontiert? Oder sind Sie von einer Enttäuschung noch so betroffen, dass es gut wäre, sie zu verarbeiten? Dann führen die folgenden Fragen und Anregungen weiter. Nehmen Sie sich dazu etwas Zeit und notieren Sie Ihre Gedanken.

Analysieren Sie Ihren Blender

1. Auf welche Weise hat Ihr Blender Erwartungen geweckt, die Sie später enttäuscht haben? Halten Sie zwei oder drei charakteristische Beispiele fest.
2. Blender ködern uns, indem sie unsere tiefsten Sehnsüchte ansprechen, zum Beispiel unsere Sehnsucht nach Erfolg, Ansehen, Spaß, Anerkennung, Freundschaft, Liebe, Geld oder Hilfe in der Not. Welche Sehnsucht hat Ihr Blender bei Ihnen angesprochen?
3. Wie haben Sie bisher auf Ihren Blender reagiert? Orientieren Sie sich dabei an den grundlegenden Stressreaktionen: Unterwerfung (»Ich lasse mich immer wieder täuschen.«), Flucht (»Ich überlasse meinem Blender die Bühne, obwohl es mir nicht gut damit geht.«); Kampf (»Ich versuche, den Blender zu entlarven. Ich setze meinen Blender unter Druck.«)
4. Was werden Sie niemals von Ihrem Blender bekommen, auch wenn er immer wieder eine Hoffnung darauf weckt?

Wie Sie Ihren Blender entzaubern

1. Durchschauen Sie Ihren Blender: Welche falschen Versprechungen machen sein Auftreten und seine Worte? Welche Schwächen und Defizite hat Ihr Blender, auch wenn er sie immer wieder zu überspielen versteht?
2. Korrigieren Sie Ihr Verhalten. Wenn Sie sich immer wieder haben verführen lassen, wie können Sie das ändern? Wenn Sie Ihren Blender bisher entlarvt haben oder gefordert haben, dass er seine Versprechen einlöst – wie könnten Sie damit aufhören? Wie können Sie in einen normalen Umgang mit Ihrem Blender finden, ohne ihm zu viel Aufmerksamkeit, Zeit, Geld oder anderes zu schenken?

3. Wo können Sie bei anderen finden, was Ihnen Ihr Blender schuldig bleibt? Wie können Sie sich unabhängiger machen?
4. Sie kennen den wunden Punkt Ihres Blenders: an Bedingungen geknüpfte Liebe. Wie könnten Sie ihm bedingungslose Liebe zeigen, wenn sich Ihr Blender gerade einmal nicht selbst darstellt (Interesse, Aufmerksamkeit, Wertschätzung oder Unterstützung)?
5. Wenn Sie mit Ihrem Blender zusammenarbeiten: Wie können Sie die Verantwortung so aufteilen, dass Ihnen das Unvermögen Ihres Blenders nicht angelastet wird?

Blender verlocken, um Ihre Zeit und Ihre Unterstützung zu gewinnen. Im nächsten Kapitel begegnen Ihnen Menschen, die Ihnen nichts bieten, dafür aber auf Ihre soziale Ader setzen.

Energie rauben

Sie sind wie Kinder im Körper eines Erwachsenen. Das Leben macht ihnen Angst. Sie zweifeln an sich und ihren Entscheidungen. Frustration halten sie nicht gut aus. Energieräuber lassen sich von ihren Gefühlen leiten, auch wenn es ihnen Nachteile bringt. Eigentlich bräuchten sie noch Eltern, die sie durchs Leben geleiten. Daher übernehmen oft andere die Verantwortung. Wer aber einen Erwachsenen bemuttert, übernimmt sich und braucht seine Kräfte auf. Das zeigen die folgenden Beispiele.

Evelin redet und redet: »Soll ich nun wieder arbeiten gehen oder nicht? Zu Hause fällt mir die Decke auf den Kopf. Aber wenn ich wieder arbeite, schaffe ich dann überhaupt noch alles?« Je länger Almut zuhört, desto angespannter fühlt sie sich. Sie stützt einen Ellenbogen auf und massiert ihren schmerzenden Nacken. Das Thema hat sie mit Evelin schon ein Dutzend Mal durchgekaut. Aber Evelin kommt einfach nicht weiter.

Auch Falco kostet die Menschen Kraft, die mit ihm zu tun haben. Mit ihm beschäftigt sich sogar der Vorstand eines SPD-Ortsvereins. Unter Sonstiges wird Falco zum Thema. Denn in Mitgliederversammlungen und Arbeitsgruppen redet er viel. Er hält Sitzungen mit Anträgen auf, die nicht weiterführen. Auch bei Diskussionen spricht er aus, was ihm gerade in den Sinn kommt. So reicht die Qualität seiner Beiträge von interessanten Ideen bis zu blankem Unsinn. Entsprechend klingen die Antworten auf Falcos Beiträge: »Denk doch mal nach …« oder »Siehst du denn nicht, dass …« Aber selbst das Augenrollen genervter Mitglieder bremst die Mitteilungsfreude von Falco nicht. »Dann muss ihn halt mal jemand auf sein Verhalten ansprechen«, schlägt der Schriftführer vor. »Vielleicht ist es ihm gar nicht so bewusst.« – »Habe ich längst«, seufzt die Vorsitzende. »Erst hat Falco ganz verwirrt reagiert, dann hat er sich übertrieben entschuldigt und zuletzt gerechtfertigt, dass doch jeder seine Meinung sagen darf. Wir sind nicht auf den Punkt gekommen. In der nächsten Sitzung war Falco so ruhig, dass ich mir schon Gedanken gemacht habe. Aber in der Sitzung darauf war er schon wieder ganz der Alte.«

Evelin steht hilflos vor den Anforderungen des Lebens. Falco folgt seinen spontanen Einfällen in einer Weise, dass andere eingreifen müssen. Beiden fehlt jenes Maß an erwachsener Verantwortung, das Menschen benötigen, um ihre Bedürfnisse in Einklang mit dem zu bringen, was andere Menschen brauchen oder die Situation erfordert.

Wenn Energieräuber in eine Gruppe kommen – in ein Team, eine

Kirchengemeinde oder einen Freundeskreis –, bewerten sie ihre Mitmenschen vor allem im Hinblick darauf, wie die auf ihre Bedürfnisse eingehen können. Die Schwächeren sind selbst mit Problemen beschäftigt und scheiden als Mutter- oder Vaterfiguren aus. Die Harten ignorieren kindliche Signale. Sie überfordern Energieräuber und setzen harte Grenzen. Sie scheiden definitiv als Bezugspersonen aus. Übrig bleibt die Gruppe der Sozialen. Sie sind reife Persönlichkeiten, die ihr Leben meistern und ihre eigenen Bedürfnisse zurückstellen können, wenn es die Situation erfordert. Sie sind für die kindlichen Signale empfänglich, die Energieräuber aussenden. Sie besitzen Frustrationstoleranz und setzen sich auch dann noch ein, wenn ihre Hilfe nicht viel bewirkt. Deshalb suchen Energieräuber die Nähe zu sozialen Menschen. Weil keiner allein ihre Bedürfnisse abdecken kann, binden Energieräuber oft die Kraft mehrerer einsatzbereiter Personen. Das ist tragisch, denn die geraten entweder in eine Überforderung oder sie ziehen ihre Energie von anderen Aufgaben ab.

Wie Sie Energieräuber realistisch sehen

Zum Glück besteht das Leben nicht nur aus Anforderungen. Pausen, Urlaubszeiten oder Freizeit eröffnen Spielräume. Man muss nicht vernünftig und verantwortlich sein. Hier haben Energieräuber ihre besten Momente. Man kann mit ihnen wunderbar unvernünftig sein. Durch ihre eigene Empfindsamkeit haben Energieräuber außerdem oft ein ausgeprägtes Einfühlungsvermögen entwickelt. Sie gehen fürsorglich und einfallsreich mit anderen um, besonders in ausgelassenen Momenten.

Auch in anderer Hinsicht können von Energieräubern positive Impulse ausgehen. Eine schwächere Person fordert die Gemeinschaft heraus. Sie offenbart, wie es um die Menschlichkeit und die Werte einer Gemeinschaft bestellt ist. Dies ist vergleichbar mit der Herausforderung einer Familie, die für ein behindertes Kind sorgt. Wenn eine Familie eine solche Herausforderung bewältigt, entfaltet sie viele Qualitäten in besonderer Weise: Verständnis, Geduld, Wärme, Humor, einen gelassenen Umgang mit den eigenen Schwächen und denen anderer. Ähnliche Qualitäten können auch Energieräuber hervorlocken, wenn ihre Bedürfnisse von einem Team positiv beantwortet werden.

Doch wenn die Zuwendung und Unterstützung kein gutes Maß finden, fehlt die Kraft an anderer Stelle. Wichtige Aufgaben bleiben liegen. Ehepartner, Freunde oder Kollegen beklagen sich, dass sie zu kurz kommen. Sie reagieren mit Eifersucht auf das Übermaß an Zuwendung, das ein Energieräuber erhält: Lange Telefonate am Abend, häufige Unterbrechungen am Arbeitsplatz oder Feuerwehreinsätze vor einem wichtigen Abgabetermin halten den Menschen beschäftigt, von dem man sich auch ein wenig Zeit und Unterstützung erhofft.

Tragischerweise zieht es Energieräuber oft in soziale Berufe. Denn dort herrscht oft ein fürsorgliches und verständnisvolles Klima. Wenn Energieräuber einen sozialen Beruf ausüben, kommt es manchmal zu einer verhängnisvollen Rollenumkehr. Patienten berichten mir gelegentlich von Psychotherapeuten, die ihnen viel aus ihrem Leben erzählt haben und ihre eigenen Probleme ins Gespräch eingebracht haben. Heimbewohner gehen liebevoll auf eine Altenpflegerin ein, die vom beruflichen Stress überfordert ist. Suchtkranke spielen ihrem Sozialarbeiter Erfolge vor, weil dieser bedrückt wirkt und sie ihm die Realität ihres Lebens nicht zumuten wollen. Hier brauchen Helfer mehr Zuwendung als die, für die sie da sein sollten. Spätestens hier wird deutlich, dass man auch der Bedürftigkeit überforderter Menschen eine Grenze setzen muss.

Wo Nächstenliebe ansetzen kann

Wer in die Lebensgeschichte von Energieräubern blickt, sieht einen Nachteil, mit dem sie ins Leben gestartet sind. Manchmal ist die Situation der Herkunftsfamilie chaotisch. Dann können Kinder weniger Fähigkeiten fürs Leben und weniger Selbstständigkeit aufbauen. Vieles ist dann außerdem von Ängsten, Unsicherheit und Zweifeln überlagert. Andere haben eine Hochsensibilität, eine Lernschwäche oder sie können sich viel schlechter konzentrieren als andere. Kinder mit einem Nachteil vergleichen sich mit Geschwistern, Freunden oder Klassenkameraden, die es einfacher haben. Dann stellt sich eine Frage, von der unsere Menschlichkeit abhängt: Sollten sich Kinder mit einem Nachteil nicht genauso wohlfühlen dürfen und die gleichen Chancen haben wie andere? Benachteiligte Kinder jedenfalls bejahen diese Frage manchmal, auch wenn es sich nicht um eine bewusste Entscheidung handelt. Sie kämpfen sich durch, in der Hoffnung, dass sich irgendjemand findet, wenn sie in einer Überforderung aufgefangen werden müssen. Sie suchen so viel Unterstützung wie irgend möglich. Sie machen ihre Bedürfnisse und Wünsche sichtbar. Dieses Muster setzt sich dann auch im Erwachsenenalter fort.

Nächstenliebe macht sich dann bereit, eine Extraportion Aufmerksamkeit und Unterstützung zu schenken. Doch sie findet auch ein Maß, damit sie die Unabhängigkeit und das Selbstvertrauen von bedürftigen Menschen nicht untergräbt. Außerdem überfordert es auch Energieräuber selbst, wenn sie so entschlossen versuchen, das Gleiche zu erreichen, was andere schaffen, können oder haben. Das Leben ist nicht gerecht und manchmal entspannt es sehr, ein Leben anzustreben, das vielleicht kleiner, aber glücklich ist.

Schließlich darf sich Nächstenliebe auch verweigern und unbequem werden, wenn jemand die Hilfe vermeidet, die es wirklich bräuchte. Es ist zum Beispiel unbequemer, zu einer Schuldenberatung zu gehen, als sich Geld schenken zu lassen. Auch Psychotherapeuten sind unbequeme Helfer. Denn sie hören zwar aufmerksam zu, lassen ihre Patienten aber nicht lange reden – schließlich soll es ja ein Gespräch werden, das hilft, schmerzliche Gefühle zu verarbeiten, neue Gedanken zu denken und neue Wege zu gehen. Von einer christlichen Seelsorge her gesehen ist auch Gott unbequem. Denn er erfüllt nicht alle Wünsche, auch wenn ihn Menschen darum bitten. Er mutet sich mit Schweigen und scheinbarer Abwesenheit zu. Aber sollten wir als Helfer deshalb an die Stelle Gottes treten und es besser machen als er? Die christliche Seelsorge würde sagen: Lieber nicht. Den Raum, in dem jede und jeder allein vor Gott steht und Antworten, Hilfe, Nähe und Begegnung sucht, sollten wir nicht betreten. Wir würden einer Person das Kostbarste nehmen.

Deshalb wird man eine bedürftige Person vielleicht ins Café oder zu einem Ausflug einladen, aber nicht deren Schulden begleichen. Man wird sich Sorgen anhören, aber nicht länger, als man es bei einer Freundin oder einem Freund täte. Statt lange (und oft vergeblich) über Probleme zu sprechen, kann man auf professionelle Hilfe verweisen. Schließlich versuchen wir nicht, einem anderen die Antwort auf existenzielle Fragen nach dem Warum, dem Leid oder dem Sinn zu geben. Wir können vielleicht da sein und Interesse zeigen. Wir können auf

Quellen hinweisen, die uns stärken und bei denen wir Antworten gefunden haben.

Gerade wenn die Not groß ist, könnten wir außerdem versucht sein, das schwere Schicksal einer anderen Person zu lindern, indem wir große Opfer bringen. Doch das würde uns nicht nur überfordern. Es läge eine Anmaßung darin. Christliche Nächstenliebe lässt sich von Gott gebrauchen. Sie bringt im Namen Gottes Opfer, weil sie sich von Gott versorgt weiß. Nächstenliebe setzt sich aber nicht an die Stelle Gottes, um es besser zu machen als er, weil er zum Beispiel Leid und Ungerechtigkeit nicht so beseitigt, wie wir es uns wünschen würden. Die geistliche Unterscheidung des einen vom anderen bewirkt den Unterschied zwischen einem Engagement, das uns gefährlich werden könnte, und einer Opferbereitschaft, die von Freude und Kraft getragen ist.

Energieräuber maßvoll unterstützen

Bei Energieräubern haben wir es mit kindlichen Gefühlen und Verhaltensweisen zu tun. Insofern ähnelt der Umgang mit ihnen dem Umgang mit Kindern. Ein solcher Gedanke denkt sich nicht leicht. Schließlich wollen wir erwachsene Menschen nicht entmündigen. Gleichzeitig bringt uns der Vergleich auf Gedanken, die im Umgang mit Energieräubern sehr hilfreich sind.

Was erwachsene Energieräuber heute einfordern, hat ihnen als Kind gefehlt: Wegweisung, Rat, Schutz, Lob, Bestätigung, Beruhigung oder auch Hilfe bei der Kontrolle der eigenen Impulse. Energieräuber haben ein verständliches Nachholbedürfnis, was bestimmte Formen emotionaler Zuwendung angeht. Sie brauchen ein wenig »Nachbeelterung« (reparenting), wie sie auch in Therapieprozessen geschehen kann. Am Beispiel von zwei Grundbedürfnissen, nämlich Kontakt und Rat, kann ich veranschaulichen, wie Nachbeelterung funktioniert.

Kontakt. Energieräuber stehen und sitzen manchmal wie verloren da. An ihren Blicken erkennt man, dass sie sich Kontakt wünschen. Manchmal fehlt ihnen das Geschick, auf andere zuzugehen. Vielleicht sind sie auch in einer emotionalen Verfassung, in der sie sich anderen nicht zumuten wollen. Wenn sich Kinder fremd fühlen oder ängstlich sind, geraten sie in eine ähnliche Situation. Sie brauchen dann ein anderes Kind, das auf sie zugeht, oder einen Erwachsenen, der einen

Kontakt einfädelt. Das kann man auch Erwachsenen schenken: auf sie zugehen, einen Small Talk beginnen, sie nach ihrem Befinden fragen, sie einem Dritten vorstellen.

Dabei sollte man ein Maß für den eigenen Einsatz finden. Vielleicht will man nicht eine ganze Mittagspause mit einem Energieräuber verbringen. Wenn man sich aus dem Kontakt löst, wird man vielleicht eine Enttäuschung spüren. Trotzdem hilft Energieräubern die begrenzte Zuwendung. Sie schenkt vielleicht sogar den Mut, selbst auf jemanden zuzugehen.

Rat. Oft suchen Energieräuber Hilfe bei ihren Entscheidungen. Ihr erwachsener Verstand hat die Möglichkeiten zwar durchdacht. Aber es will sich kein Gefühl der Sicherheit einstellen, was nun die richtige Entscheidung ist. Dann kann man Entscheidungshilfen geben, ohne dem andern die Verantwortung aus der Hand zu nehmen:

- »Mir gefällt das blaue Kleid an dir am besten.«
- »Wenn ich an deiner Stelle wäre, würde ich für eure Familie lieber ein größeres Auto wählen.«
- »Ich an deiner Stelle würde Herrn Donner nicht die Meinung sagen, sondern einen diplomatischen Weg suchen.«

Etwa so machen es auch Eltern, wenn sie ihre Kinder darin unterstützen, eine eigene Entscheidung zu finden.

Wenn Energieräubern nur noch eine Portion Sicherheit gefehlt hat, können sie nun eine Entscheidung treffen. Vielleicht werden sie auch weiter zweifeln und noch andere um Rat fragen. Trotzdem tut ihnen die Vergewisserung gut. Sie fühlen sich in ihrer Unsicherheit angenommen und gestärkt.

Manchmal sagt einem ein Bauchgefühl: »Sei lieber nicht großzügig.« Denn man spürt: Es könnte die Erwartung geweckt werden, dass noch mehr kommt. Diese Sorge ist im Umgang mit Energieräubern berechtigt. Sie kann aber eine entspannte Antwort finden.

Die Grenzen der Zuwendung vermitteln

Selma kommt in dieser Woche schon zum fünften Mal in Irinas Büro. Sie steht geduckt in der Tür, lächelt und fragt: »Darf ich mal kurz ...?« Irina ahnt, was Selma will. Sie sucht Sicherheit bei Entscheidungen, die ein wenig Eigenverantwortung erfordern. Aber Irina mag sich nicht so häufig unterbrechen lassen. Wie soll sie reagieren?

Taktvoll und wirkungsvoll zugleich ist eine Strategie, die zur eigenen Begrenztheit steht und auf Kritik verzichtet, zum Beispiel in Form der folgenden Äußerungen:

> »Tut mir leid, Selma. Ich muss mich den Rest der Woche etwas abschirmen, sonst komme ich mit meiner Präsentation nicht hin.«

Oder:

> »Wie wäre es, wenn wir mittwochs nach der Pause eine kleine Besprechungszeit für solche Fragen einrichten? Eine Viertelstunde kann ich mir dafür nehmen. Wenn ich meine Arbeit unterbreche, brauche ich immer eine ganze Weile, bis ich wieder hineinfinde.«

Taktvolle Hinweise auf die eigenen Grenzen nehmen Energieräuber in der Regel gut an. Nur in Extremfällen zeigen sie ihre Bedürfnisse hartnäckig. Beunruhigte Energieräuber rufen dann mehrmals in der Woche an. Aufmerksamkeitssuchende Energieräuber sprengen Gesprächsrunden mit ihren Beiträgen. Einsame Energieräuber drängen sich bei Unternehmungen auf. Im Grunde wissen Energieräuber, dass ihr Verhalten nicht angemessen ist. Sie können ihre kindlichen Bedürfnisse trotzdem nicht immer kontrollieren. Daher brauchen sie dabei Hilfe.

Weil Energieräuber einen impulsiven kindlichen Persönlichkeitsanteil haben, können wir uns von einem guten Umgang mit Kindern inspirieren lassen. Eines der wirksamsten Erziehungsmittel sind natürliche Konsequenzen. Ein Kind, das schlägt, wird für eine kurze Zeit vom Spiel ausgeschlossen. Ein Kind, das sein Gemüse nicht isst, muss auf den süßen Nachtisch verzichten. Darf man solche Methoden auch bei Erwachsenen anwenden? Wir dürfen es. Denn auch unser erwachsenes Leben ist mit Konsequenzen geregelt. Wir müssen uns an Spielregeln halten, sonst drohen uns Bußgelder, Abmahnungen, Trennungen und andere Folgen. Das fällt uns nur nicht auf, wenn wir uns aus Gewohnheit oder aus Überzeugung an Regeln halten. Wem das nicht gelingt, den dürfen wir auf Folgen aufmerksam machen. Bei Erwachsenen hat das keine pädagogische Absicht. Wir machen nur deutlich, dass wir uns nicht in einer Weise behandeln lassen wollen, die uns überfordert. In den folgenden Beispielen hat die Ankündigung natürlicher Konsequenzen geholfen:

> »Du gehörst schon richtig zu unserer geselligen Kollegenrunde. Ich schätze es, dass du dabei bist. Allerdings erzählst du so ausführlich über deine Probleme, dass andere nicht mehr zu Wort kommen. Wir haben darüber ja schon gesprochen. Wir wünschen uns, dass du dich kürzerfasst. Andernfalls werden wir dich eine Weile nicht mehr einladen.«

> »Wir können gerne einmal die Woche telefonieren. Wenn du mich aber häufiger anrufst, dann fühle ich mich überfordert. Ich brauche einfach auch Zeit für andere Dinge. Wenn du das nicht akzeptieren kannst, möchte ich eine Beziehungspause einlegen. Ich werde dann einen Monat lang nicht mehr drangehen, wenn du anrufst, und dich auch nicht zurückrufen.«

Würde jemand zu Ihnen etwas Vergleichbares sagen, wäre das kränkend. Man darf im Umgang mit Energieräubern allerdings nicht von seinen eigenen Gefühlen ausgehen. Viele Energieräuber wissen, dass ihr Verhalten manchmal zu weit geht. Sie haben außerdem schon härtere Reaktionen erlitten – von Menschen, die weniger sozial eingestellt sind. Daher sind Energieräuber oft dankbar, wenn ihnen jemand einfühlsam hilft, sich besser zu kontrollieren.

Annehmen, was nicht zu ändern ist

Der Umgang mit Energieräubern stellt seine eigenen Anforderungen. Kindliche Gefühle und Bedürfnisse erfordern eine besondere Zuwendung. Dadurch entsteht eine Beziehung, in der sich Geben und Nehmen nicht ausgleichen. Gerade für Menschen, die als Kinder ihre Bedürfnisse zurückstellen mussten, kann das frustrierend sein.

Manchmal ist es dann klüger, sich aus der Beziehung zu einem Energieräuber zu lösen.

Weil man Energieräubern – gemessen an dem, was sie eigentlich brauchen – immer etwas schuldig bleibt, stellt auch der Umgang mit Schuldgefühlen eine besondere Herausforderung dar. Gerade sozial eingestellte Menschen fühlen sich zur Selbstaufopferung verpflichtet. Sie fühlen sich schuldig, wenn sie Energieräubern begegnet sind. Sie nehmen sich vor, Nein zu sagen, und sagen doch wieder Ja. Danach ärgern sie sich über sich selbst und über den Energieräuber, dessen Bedürfnisse sie überfordern. Auch dann kann es besser sein, sich aus der kraftraubenden Beziehung zurückzuziehen. Praktisch ist das oft gar nicht schwierig. Denn sobald man Energieräubern gegenüber seine Zuwendung einschränkt, verliert man an Bedeutung für sie. Ohne dass es ihnen bewusst wird, wenden sie sich bald Menschen zu, die mehr geben.

Wie es weitergeht

Hier fasse ich die Strategien zusammen, die helfen, wenn Sie jemand in eine Energie raubende Beziehung verstrickt.

- Übernehmen Sie sich nicht, indem Sie eine Helfer- oder gar Retterrolle einnehmen.
- Gehen Sie fürsorglich auf die kindlichen Bedürfnisse nach Kontakt, Rat, Lob und Entlastung ein. Finden Sie dabei aber ein realistisches Maß, das der Beziehung und Ihren Kräften angemessen ist.
- Benennen Sie taktvoll die Grenzen Ihrer Zeit und Einsatzmöglichkeiten.
- Binden Sie Ihre Unterstützung an die Bereitschaft von Energieräubern, die Grenzen der Zuwendung zu akzeptieren.

Sind Sie gerade mit einem Energieräuber konfrontiert? Oder sind Sie von einer schwierigen Beziehung noch so ausgelaugt, dass es gut wäre, sie zu verarbeiten? Dann führen die folgenden Fragen und Anregungen weiter. Nehmen Sie sich dazu etwas Zeit und notieren Sie Ihre Gedanken.

Analysieren Sie Ihren Energieräuber

1. Durch welche Signale hat Ihr Energieräuber Ihre Hilfsbereitschaft und Ihr Verantwortungsgefühl geweckt? Halten Sie zwei oder drei charakteristische Beispiele fest.
2. Wo haben Sie sich beim Versuch zu helfen selbst überfordert? Welche negativen Folgen hat oder hatte die Beziehung zu Ihrem Energieräuber genau?
3. Wie haben Sie bisher auf die Hilfe suchenden Signale reagiert?
   - Orientieren Sie sich dabei an den grundlegenden Stressreaktionen:
   - Unterwerfung (»Ich stelle meine eigenen Bedürfnisse zurück und opfere mich auf.«);
   - Flucht (»Ich gehe meinem Energieräuber aus dem Weg, selbst wenn ich mich dadurch einschränke.«);
   - Kampf (»Ich grenze mich schroff ab oder dränge den Energieräuber, seine Probleme endlich selbst zu lösen.«)
4. Welches Maß an Unterstützung können und wollen Sie leisten? Was ist Ihnen eigentlich zu viel?
5. Haben Sie Schuldgefühle, weil Sie sich nicht mehr einsetzen oder eingesetzt haben? Wie lauten Ihre Schuldgefühle genau?

Unterstützen Sie Ihren Energieräuber maßvoll

1. Wie könnte ein angemessenes Maß an Zuwendung und Unterstützung aussehen? Welches Maß an Zuwendung und Unterstützung schenken Sie normalerweise anderen Menschen? Daran können Sie sich orientieren.
2. Welche Signale sind es genau, die bei Ihnen Hilfsbereitschaft und Verantwortungsbereitschaft wecken? Mit welcher Haltung könnten Sie sich gegen diese Signale immun machen? (Beispiel: Hilfe suchende Blicke und ein verzweifelter Gesichtsausdruck. Ich sage zu mir: »Ich habe Mitgefühl, aber das heißt nicht, dass ich mich verantwortlich fühlen muss. Selbst wenn ich mich völlig aufgeben würde, könnte ich seine/ihre Probleme nicht lösen.«)
3. Sie können die Beziehung entspannen, indem Sie sich den kindlichen Bedürfnissen Ihres Energieräubers ein wenig zuwenden,

zum Beispiel einem übertriebenen Bedürfnis nach Lob, Bestätigung oder Rat. Aber legen Sie zugleich eine Grenze Ihrer Unterstützung fest, zum Beispiel, ein Telefonat auf keinen Fall länger als 20 Minuten zu führen.

4. Legen Sie sich hier Sätze zurecht, mit denen Sie die Grenze Ihres Einsatzes markieren. (Beispiel: »Es tut mir leid. Ich muss jetzt Schluss machen, sonst bleiben Dinge liegen, die mir wichtig sind.«)
5. Für Extremfälle: Legen Sie sich hier einen Satz zurecht, mit dem Sie Ihren Einsatz an die Bereitschaft Ihres Energieräuber binden, die Grenzen Ihrer Möglichkeiten zu akzeptieren (vgl. Beispiele auf Seite 52/53.

Liebe und Angst sind die größten Triebkräfte des Menschen. Energieräuber setzen auf Ihre Liebe, ein anderer Typ schwieriger Menschen dagegen setzt auf Ihre Angst. Im nächsten Kapitel erfahren Sie alles über Einschüchterer.

Einschüchtern

Sie lehren ihre Mitmenschen das Fürchten. Wutausbrüche, Drohungen, Schimpftiraden, grobe Worte und Blicke, die töten können – Einschüchterer spielen auf der ganzen Klaviatur der Aggression. Wie eine Planierraupe räumen sie beiseite, was ihnen im Weg ist.

Wenn Sie schon einmal mit einem Einschüchterer zu tun hatten, kennen Sie die körperliche Erfahrung der Angst: Herzklopfen, weiche Knie oder ein Erstarren, ein Kloßgefühl im Hals, Beklemmung in der Brust oder einen Adrenalinstoß, der den ganzen Körper durchfährt. Dann haben Sie schon eine Situation wie diese erlebt.

Bauunternehmer Klamm wird nur »der Boss« genannt, auch von Architekten und Handwerksmeistern, die ihm gar nicht unterstellt sind. Max Höflich, Klamms rechte Hand, formuliert sein Anliegen so vorsichtig wie möglich: »Der Bebauungsplan der Stadt erfordert eine ganz kleine Änderung an der Wohneinheit …« Aber bevor Höflich seinen Satz beenden kann, donnert der Boss: »Den Bebauungsplan kannst du dir in den Hintern schieben. Hast du den Sesselwärmern auf dem Amt nicht gesagt, dass es nicht anders geht?«
»Ich habe versucht …«, hält Höflich dagegen. »Versucht«, brüllt Klamm und auf seinem Hals zeichnet sich eine Ader ab. »Ich bezahle dich nicht für Versuche. Geh jetzt aufs Amt und komme nicht wieder, bevor du die Sondergenehmigung hast.« Doch Höflich versagt auch beim zweiten Versuch. Nach einer Salve demütigender Worte geht Klamm schließlich selbst auf das Amt und kommt mit der gewünschten Sondergenehmigung wieder. Herr Höflich weiß nicht, ob er seinen Chef bewundern oder unheimlich finden soll.

Auch in privaten Beziehungen setzen sich Einschüchterer durch:

Lukas legt sein Smartphone beiseite und wartet auf das Gewitter, das nun über ihn hereinbrechen wird. Es kündigt sich in einem scharfen Wind an. »Deine Sachen liegen auf dem Küchentisch. Siehst du nicht, dass ich das Abendessen mache?« Samiras Gereiztheit hat nichts mit dem Küchentisch zu tun, sondern mit dem Telefonat. Sie ist eifersüchtig auf die gute Beziehung, die Lukas zu seinen Eltern hat, und hätte am liebsten, dass sie im gemeinsamen Leben gar nicht auftauchen.
»Was ist los?«, fragt Lukas. »Meine Mutter hat nur gefragt, was sich Luca zum Geburtstag wünscht.«
»Ach«, giftet Samira. »Um mit ihrem Geschenk alle anderen auszustechen?«
Lukas merkt nicht, dass sich die Situation aufschaukelt, bis Samira ihrer Wut freien Lauf lassen kann. Er steigt in den Konflikt ein: »Rede doch bitte nicht so über meine Mutter.«

»Ach, Muttersöhnchen nimmt seine Mama in Schutz«, flötet Samira. »Tut mir leid, wenn ich an ihrem Lack gekratzt habe.«
»Ich kann's nicht mehr hören, Samira«, sagt Lukas gereizt. »Deine Eifersucht und deine Giftpfeile gegen jeden, der in meinem Leben auch noch wichtig ist.«
»Gut, jetzt weiß ich ja, wie du wirklich über mich denkst«, stellt Samira mit kalter Stimme fest. »Und dann darf ich dir wohl auch sagen, was ich über dich denke.« Und nun redet sich Samira in eine aggressive Trance, in der sie Lukas beleidigt, demütigt und mit Trennung droht.
Am nächsten Tag ist alles wieder gut. Samira verhält sich freundlich und gelöst. Am Ende des Tages haben sie besonders intensiven Sex. Lukas ist aufgewühlt und verwirrt. Soll das sein Leben sein: dass sich schöne Tage mit solchen Unwettern abwechseln? Er versucht doch schon alles, um solche Stürme nicht heraufzubeschwören. Den Kontakt zu seinen Eltern hat Lukas schon stark eingeschränkt. Eigentlich weiß seine Mutter, dass sie besser im Büro anruft.

Was macht Einschüchterer so mächtig? Sie sind doch auch nur Menschen. Doch einige Eigenschaften befähigen sie in besonderer Weise zu harten Auseinandersetzungen. Oft sind Einschüchterer mit einem starken Körper ausgestattet. Sie sind oft muskulös, zäh oder schmerzunempfindlich. Das hat auf andere eine Wirkung. Außerdem sind Einschüchterer durch eine Lebensgeschichte gestählt, in der sie sich durchsetzen mussten. Andere dagegen haben weiniger Übung darin, mit Aggressionen umzugehen. Daher packt viele die Angst, wenn sie mit der Stärke von Einschüchterern konfrontiert sind. Sie erleiden Angstsymptome wie Nervosität, einen schnellen, heftigen Puls, ein Kloßgefühl im Hals oder eine Enge in der Brust, die das Atmen schwerer macht. Das schränkt auch die Fähigkeit ein, klar zu denken und zu entscheiden, wie man sich behaupten möchte. Denn ein guter Teil der Gedanken ist mit der eigenen Angstreaktion beschäftigt. Zu allem Überfluss haben Einschüchterer das Überraschungsmoment auf ihrer Seite. Denn sie sind es, die cholerisch reagieren oder einen Konflikt eskalieren lassen.

Diese Faktoren sichern Einschüchterern eine Überlegenheit, durch die sie Kämpfe leicht für sich entscheiden. Zaghafte Gegenwehr machen sie platt. Die Fehler eines nervösen Gegenübers nutzen sie aus. Der Schmerz und der Schrecken, die Einschüchterer bei anderen auslösen, gehören für sie zum Spiel des Lebens. Gewissensbisse haben sie ebenso wenig, wie es einen Sportler bekümmert, ob der besiegte Gegner mit seinen Gefühlen klarkommt.

Mit derart kampferprobten Menschen werden wir niemals gleichziehen. Wir können uns weder ihre Fähigkeiten aneignen noch ihren gewaltigen Trainingsvorsprung einholen. Stattdessen sollten wir das Schlachtfeld verlassen und einen Ort zivilisierter Auseinandersetzung aufsuchen. Dann können wir ihnen auf Augenhöhe begegnen.

Dem Angriff standhalten

Was beim Zusammenprall mit Einschüchterern geschieht, beschreibt der amerikanische Psychologe Albert Bernstein sehr anschaulich:

> *Die Hypnose von Tyrannen ist plump, aber effektiv. Sie greifen einfach an und lassen Ihr Nervensystem den Rest erledigen. Die Attacke von Tyrannen umgeht den rationalen Teil Ihres Gehirns und versetzt Sie in eine andere, prähistorische Realität, in der es nur drei Möglichkeiten gibt: zurückschlagen, weglaufen oder stillhalten und gefressen werden. Es ist die perfekte Zwickmühle; ganz gleich, wofür Sie sich entscheiden, Sie verlieren. Die jüngeren, klügeren Teile Ihres Gehirns mögen bemerken, was geschieht, aber sie sind so überflutet von Hormonen und primitiven Impulsen, dass Ihnen nichts anderes übrig bleibt, als erschrocken zuzusehen, wie das unerbittliche Drama seinen Lauf nimmt.*[4]

Der Kampf mit Tyrannen wird, so Bernstein, daher im eigenen Gehirn gewonnen oder verloren. Finden wir aus dem primitiven Schema von Kampf oder Flucht heraus? Dann finden wir eine intelligente Antwort. Die folgenden Tipps sind Bernsteins Buch über »Emotionale Vampire« entnommen und um Anregungen eines anderen amerikanischen Psychologen ergänzt: Robert Bramson, Autor des Bestsellers »Coping with difficult people«. Bramson spricht von *sherman tanks* (nach einem

4 Bernstein, Albert J. (2012). Emotional Vampires. Dealing with People Who Drain You Dry. McGraw-Hill Publ., New York. S. 65. (Übersetzt vom Verfasser.)

amerikanischen Panzermodell im Zweiten Weltkrieg) und *exploders*. Sie zeigen wie Bernsteins Tyrannen *(bullies)* ein Verhalten, das sich weitgehend mit dem der Einschüchterer deckt. Die beiden Fachleute empfehlen Folgendes:

- Bleiben Sie aufrecht stehen oder sitzen, wenn ein Einschüchterer Sie anschreit oder mit groben Worten angreift. Blicken Sie ihn ruhig an und lassen Sie ihm einige Momente, um seinen Druck abzulassen. Wenn der Angriff an Fahrt verliert, können Sie einhaken.
- Gewinnen Sie die Aufmerksamkeit des Einschüchterers. Sprechen Sie ihn mit Namen an. Lassen Sie einen Stift fallen und heben Sie ihn auf. Stehen Sie langsam auf, wenn ein Einschüchterer steht, oder setzen Sie sich hin, wenn er sitzt.
- Gewinnen Sie Kontrolle über die Situation, indem Sie aktiv werden. Warten Sie nicht höflich oder ängstlich ab, bis der Ausbruch vorüber ist. Unterbrechen Sie den Einschüchterer. Stellen Sie Fragen, die klären, welche Befürchtungen oder Ziele hinter dem Angriff stehen: »Was wünschen Sie sich von mir?«
- Behaupten Sie sich, ohne in eine Konfrontation zu gehen. Vertreten Sie einfach Ihren Standpunkt: »Ich habe damit andere Erfahrungen gemacht.« Oder: »Ich stimme hier nicht mit Ihnen überein.«
- Falls Ihre Erschütterung zu groß ist, um klar zu denken, bitten Sie um eine Bedenkzeit.
- Wenn Einschüchterer Sie zu etwas drängen, was Sie nicht tun wollen, berufen Sie sich auf eine höhere Gewalt: Gesetze, Unternehmensregeln, Vorgesetzte, Ihr Gewissen, auf etwas, das Sie Dritten schulden (z. B. Ihrem Team), oder auf eine unverrückbare fachliche Überzeugung. Bleiben Sie standhaft dabei – in freundlichen Wiederholungen.
- Nach ihren Attacken überraschen Einschüchterer häufig mit einem Scherz oder einer netten Bemerkung. Beweisen Sie Sportsgeist und geben Sie die Freundlichkeit zurück. Wer stattdessen gekränkt, nachtragend oder feindselig reagiert, macht die Beziehung zu Einschüchterern komplizierter als nötig.

Meist gibt es niemanden, der Einschüchterer daran hindert, unfair zu spielen.

Deshalb nimmt man die Fouls besser sportlich: Es tut weh, man steht auf und spielt weiter. Einen Aggressionsausbruch muss man außerdem nicht als demütigend empfinden. Früher mag es beschämend gewesen sein, wenn Eltern oder Lehrer ihre Wut an uns ausgelassen haben. Heute gewinnen wir Respekt in den Augen anderer, wenn wir einem Wutausbruch gelassen standhalten. Je schneller wir über die Ungerechtigkeit hinwegkommen, desto eher entdecken wir eine überraschende Möglichkeit. Wir können uns die Stärke von Einschüchterern sogar zunutze machen.

Mit den Wölfen heulen

Einschüchterer sind Leitwölfe. Sie bestimmen die Regeln im Rudel und wachen über sie. Sie erlegen oft die meiste Beute und fressen deshalb zuerst. Wer zu ihrem Rudel gehört, dem muss es nicht unbedingt schlecht gehen. Die Stärke von Einschüchterern kann man sich zunutze machen, wenn man gemeinsame Ziele entdeckt. Vielleicht bringt ein Einschüchterer Projekte voran, die Ihnen auch am Herzen liegen. In privaten Beziehungen richtet sich deren Kraft vielleicht auf das Renovieren, das Lösen von technischen Problemen, die Beschaffung notwendiger Dinge oder auf ein soziales Engagement. Meist gibt es eine Schnittmenge zwischen Ihren Zielen und dem, was Einschüchterern wichtig ist.

Einschüchterer messen andere an nichts mehr als an ihrer Loyalität. Gemeinsam hinter Zielen zu stehen, die man teilt, macht Loyalität leichter. Manchmal entsteht dabei ein Vertrauen, das einen weiteren Schritt möglich macht.

Den Elefant durch den Porzellanladen führen

Einschüchterer ahnen oft nicht, welchen Scherbenhaufen sie bei anderen hinterlassen. Sie trampeln wie ein Elefant durch den Porzellanladen. Manchmal trifft der Schaden, den sie anrichten, auch sie selbst: Sie verlieren gute Mitarbeiter oder Freunde. Sie verspielen sich das Vertrauen anderer. Sie leiden unter dem schlechten Ruf, den ihnen ihr Verhalten einbringt. Hier kann man sie packen. Wer Einschüchterer vorsichtig mit den Folgen ihres Verhaltens konfrontiert, findet vielleicht offene Ohren.

Wenn Einschüchterer zu mir in die Therapie kommen, berichten sie von den vielen Kämpfen, in denen sie stehen. Mit der Zeit lernen sie zu unterscheiden, wann sich Kämpfe lohnen, wann sie vermeidbar und wann sie sogar schädlich sind. Gerade wenn ihre Gesundheit bedroht ist, erleben es Einschüchterer als entlastend, wenn sie loslassen lernen und dadurch Konfrontationen vermeiden. Wenn etwas Vertrauen gewachsen ist, lassen sich Einschüchterer auch im Alltag für diplomatische Lösungen gewinnen:

> »Ich merke gerade, wie sich unser Gespräch hochschaukelt. Wie wäre es, wenn wir diesen Punkt als Problem sehen, das wir gemeinsam lösen?«

Oder:

> »Wäre es nicht möglich, dass du Adrian in diesem Punkt nachgibst? Er respektiert dich und hat auch schon oft nachgegeben. Ich habe Angst, dass sich hier die Fronten verhärten. Und im Grunde brauchst du doch jetzt einen freien Kopf für andere Sachen.«

Einschüchterer sind auch sich selbst gegenüber hart. Deshalb brauchen sie ein wenig Hilfe, um sich selbst vor einem Übermaß an Kämpfen zu schützen.

Wo Nächstenliebe ansetzen kann

Einschüchterer wirken nicht so, als bräuchten Sie irgendeine Form von Zuwendung. Wenn sie eine Machtposition haben, würden sie ohnehin keine Zuwendung annehmen. Sie kämen sich schwächlich vor. Dann wird sich Nächstenliebe vor allem in Feindesliebe ausdrücken: Auch dem Gutes wünschen, der meine Interessen gerade mit Füßen tritt. Warum Jesus seine Anhänger zur Feindesliebe aufruft, ist eine faszinierende theologische Ergründung wert. Wir machen uns hier nur die psychologische Wirkung zunutze. Denn Feindesliebe vergibt schnell. Sie vertraut auf eine höhere Gerechtigkeit, statt sich selbst zu rächen. Sie kann dem, der einem geschadet hat, wieder offen begegnen. Das ist im Umgang mit einem Einschüchterer sehr erleichternd. Feindesliebe bedeutet nicht, sich freiwillig zum Opfer eines anderen zu machen. Wo man ein faires Miteinander durchsetzen kann, sollte man es auch tun. Feindesliebe brauchen wir in Situationen, in denen wir ohnmächtig sind und hinnehmen müssen, dass ein anderer gerade stärker ist.

Manchmal entstehen allerdings Situationen, in denen andere zurückschlagen. Sie wollen sich die Einschüchterung nicht mehr bieten lassen. Sie verbünden sich und bekämpfen den Machtmenschen. Weil andere gelitten haben, sind sie nicht wählerisch in den Mitteln und es kommt zu Ausgrenzung, Intrigen, Heimlichkeit und Verleumdung. In dieser Situation brauchen Einschüchterer Loyalität; und Nächstenliebe kann sie schenken. Man kann selbst dann freundlich und fair sein, wenn man einen Einschüchterer in einer Machtposition nicht mehr für tragbar hält. Wenn man sein Vertrauen gewinnt, kann man einem Einschüchterer auch erklären, dass die Reaktionen der anderen nicht feindselig gemeint sind. Sie sind aus Angst geboren und aus der Erfahrung, die eigenen Interessen nicht behaupten zu können.

Annehmen, was nicht zu ändern ist

Einschüchterer setzen auf die Angst des anderen. Denn Angst macht gefügig und wehrlos. Sie lähmt den Verstand, den Willen und die Handlungsfähigkeit. Der Umgang mit einschüchternden Menschen erfordert daher vor allem die Fähigkeit zur Angstbewältigung. Angst bewältigen bedeutet jedoch nicht, sie zu unterdrücken. Das ist auch gar nicht möglich, wenn man es wirklich mit einem Einschüchterer zu tun hat. Vielmehr muss die Angst mit ausreichend Vertrauen und Selbstsicherheit aufgewogen werden. Wer diese innere Sicherheit nicht findet, steht vor dem Einschüchterer wie das Kaninchen vor der Schlange. In einem derart gelähmten Zustand lässt sich keine der Strategien umsetzen, die in diesem Kapitel beschrieben sind.

Angesichts eines so starken Gegners darf man auch einmal aufgeben und die Zusammenarbeit bzw. eine Beziehung beenden. Nicht immer muss man die Gründe dafür offenlegen. Manchmal kann man auch unauffällig auf Abstand gehen. Wer sich erklären muss, sollte keine Opferrolle einnehmen und den Einschüchterer nicht beschuldigen. Das reizt diesen nur und lässt einen in den Augen anderer womöglich als schwach dastehen. Wenn man dagegen zu seinen Grenzen steht, weckt das Respekt: »Unsere Auseinandersetzungen haben eine Wucht, der ich nicht gewachsen bin. Ich fühle mich dann klein und unterlegen. Eine Freundschaft, die so ungleich ist, möchte ich aber nicht. Bitte nimm es nicht persönlich. Wenn ich robuster wäre, käme ich mit deiner Art sicher gut klar.«

Wenn eine Beziehung nicht funktioniert, tragen beide einen Anteil daran. Wer den größeren und wer den kleineren Teil trägt, darüber muss man beim Auseinandergehen nicht streiten. Die Demut, den eigenen Anteil zu benennen und den des anderen offenzulassen, ist der Schlüssel für einen guten Abschied.

Die Hilfe bei der Angstbewältigung gehört zu den vertrautesten Aufgaben von Psychotherapeuten. Daher sind sie gute Ansprechpartner, falls Sie einmal ein Einschüchterer überfordert, Sie diesem aber nicht aus dem Weg gehen können. Dabei kann man Wertvolles lernen: Unerschrockenheit, Bescheidenheit und ein Vertrauen, das in unsicheren Situationen trägt.

Wie es weitergeht

Hier finden Sie noch einen Überblick über die Strategien, die helfen, wenn Sie ein Einschüchterer unter Druck setzt.

- Lassen Sie sich von Ihrer körperlichen Angstreaktion nicht erschrecken. Halten Sie dem Angriff trotzdem ruhig und aufrecht stand. Nehmen Sie sich zur Not eine Auszeit, um sich zu beruhigen.
- Unterbrechen Sie Attacken nach einer Weile. Nennen Sie den Einschüchterer beim Namen, gewinnen Sie seine Aufmerksamkeit durch Ablenkungen und führen Sie das Gespräch durch Fragen.
- Nehmen Sie Niederlagen sportlich und akzeptieren Sie die Alphaposition des Einschüchterers. Wenn nicht mehr durchsetzbar ist, begnügen Sie sich mit kleineren Stücken des Kuchens.

- Suchen Sie gemeinsame Ziele, bei denen Sie von der Stärke eines Einschüchterers profitieren können.
- Äußern Sie Ihren Standpunkt als persönliche Meinung, vertreten Sie Ihre Interessen beharrlich. Wenn Sie Nein sagen, berufen Sie sich auf eine höhere Gewalt (Gesetze, Vorgesetzte, Prinzipien).
- Kritisieren Sie das ungehobelte Verhalten von Einschüchterern nicht. Wenn Sie ihr Vertrauen besitzen, weisen Sie auf die Folgen hin, die ihr Verhalten auf andere und auf sie selbst hat.

Müssen Sie sich gerade gegen einen Einschüchterer behaupten? Oder sitzen Ihnen noch bedrohliche Erfahrungen in den Knochen? Dann führen die folgenden Fragen und Anregungen weiter. Nehmen Sie sich dazu etwas Zeit und notieren Sie Ihre Gedanken.

Analysieren Sie Ihren Einschüchterer

1. Wie erzielt Ihr Einschüchterer seine Respekt einflößende Wirkung? Was tut er genau? Wie tritt er auf? Was genau macht Sie unsicher oder weckt bei Ihnen Angst?
2. Beschreiben Sie hier genau Ihre Angstreaktion (Gedanken, Katastrophenerwartungen, Körpersymptome).
3. Wie haben Sie bisher auf die Einschüchterungen reagiert? Orientieren Sie sich dabei an den grundlegenden Stressreaktionen:
   - Unterwerfung (»Ich habe zu sehr nachgegeben.«);
   - Flucht (»Ich bin in die Heimlichkeit ausgewichen oder habe meine Interessen verschleiert, um es nicht zu einer Konfrontation kommen zu lassen.«);
   - Kampf (»Ich habe mich in Konfrontationen oder Machtkämpfe verwickeln lassen.«)
4. Stellen Sie gegenüber: So würde ich mich normalerweise in einem Konflikt verhalten. So verhalte ich mich gegenüber meinem Einschüchterer.

Halten Sie Einschüchterung stand

1. Wenn Ihre Angstreaktion zu stark ist, wie können Sie sich beruhigen? (Beispiele: eine kurze Pause einlegen, durchatmen, positive Gedanken suchen, sich an eigene Erfahrungen von Stärke erinnern)
2. Falls Ihr Einschüchterer Sie persönlich angreift oder einen Wutanfall hat, wie können Sie ihn unterbrechen? (Beispiele: Beim Namen nennen, Fragen stellen, eine Ablenkung durchführen wie z. B ein Fenster öffnen oder Tee kochen?)
3. Halten Sie hier in kurzen, klaren Sätzen Ihren Standpunkt fest, den Sie im Konflikt mit dem Einschüchterer haben. Den können Sie ruhig mehrfach – in leichten Variationen – wiederholen.
4. Wenn Ihr Einschüchterer stur bleibt, mit welchen Sätzen können Sie Ihren Standpunkt dennoch aufrechterhalten? (Beispiel: »Damit bin ich nicht einverstanden.« – »Da werden wir uns nicht einig.« – »Das kann ich nicht mittragen.«)
5. Wie könnten Sie Ihrem Einschüchterer nach der Auseinandersetzung zeigen, dass Sie den Kampf sportlich und nicht persönlich nehmen?

Einschüchterer wollen in ihrem Revier die Stärksten sein. Menschen dagegen, die Ihnen im nächsten Kapitel begegnen, würden sich wünschen, die anderen wären stärker, klüger und kompetenter. In ihren Augen sind andere so unfähig.

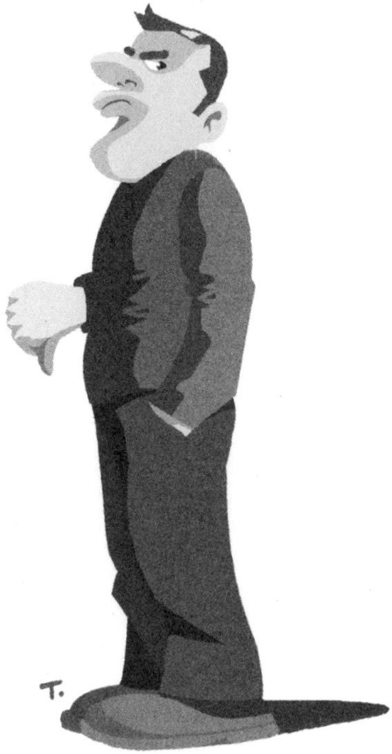

Abwerten

Abwerter setzen andere herab: deren Persönlichkeit, Fähigkeiten und Leistungen. Sie kritisieren unerbittlich. Wie kränkende Stacheln bohren sich ihre Worte in unsere Seele. Manchmal schaden Abwerter auch dem Ansehen ihrer Opfer. Dann nämlich, wenn noch andere die Abwertungen mitbekommen.

Vielleicht kommt Ihnen die folgende Situation bekannt vor:

In der Konferenz ihrer Grundschule vertritt Mia die Vorteile einer Unterrichtsmethode, die sie schätzt. Da meldet sich eine jüngere Kollegin zu Wort: »Die Silbenmethode ist etwas für Bequeme, die nach einem einfachen Strickmuster arbeiten wollen.« Mia ist wie vor den Kopf gestoßen. Soll sie jetzt sagen, dass sie nicht bequem ist? Oder wäre das kindisch?

Auch im Privatleben treffen wir manchmal auf Abwertungen:

Als Jochen seinem Vater von einem beruflichen Rückschlag erzählt, antwortet dieser: »Du bist ja immer schon blauäugig an Entscheidungen herangegangen.« Jochen kennt das. Sobald dem Vater etwas nicht gefällt, drückt er ihm einen negativen Stempel auf.

Man könnte meinen, dass sich Abwerter besser fühlen, wenn sie andere schlecht machen. Doch das stimmt nicht. Das tun andere schwierige Persönlichkeiten. Abwerter sehnen sich danach, dass die Welt besser ist. Doch überall entdecken sie Unvollkommenheit. Aus einem kleinen Misserfolg, den sie von jemandem hören, leiten sie gleich schlechte Charaktereigenschaften ab. Denn warum sonst hat jemand den Misserfolg nicht verhindert? Aus der Mücke einer persönlichen Schwäche machen sie einen elefantösen Makel. Selbst Vorlieben können in den Augen von Abwertern zu einem Beweis von schlechtem Geschmack werden und Alltagsentscheidungen zu einem Ausdruck des Unvermögens.

Auf der anderen Seite ignorieren Abwerter die Vorzüge und Fähigkeiten anderer Menschen. Wie Pessimisten nur das halb leere Glas sehen, können Abwerter die Qualitäten anderer kaum wahrnehmen. Dadurch stellen sie sich auf einen Sockel der Überlegenheit. Bei so vielen Mängeln und Fehlern, die sie bei anderen wahrnehmen, scheinen sie selbst als die Einzigen zu sein, die den Durchblick haben und auf die man sich verlassen kann. Daraus leiten Abwerter das Recht ab, andere zu beurteilen oder sogar zu verurteilen, wenn ihnen die Situation hoffnungslos erscheint. Ansonsten kann man ihre harte Kritik sogar als

Kompliment verstehen. Dann glaubt ein Abwerter, dass Sie sich durch Kritik zum Besseren entwickeln können.

Abwerter sind auch mit sich kritisch und arbeiten hart an ihren Fähigkeiten.

Weil sie oft gewissenhaft und kompetent sind, sind ihre Leistungen durchaus geschätzt. Das bringt sie verhängnisvollerweise in Positionen, in denen sie anderen etwas zu sagen haben, zum Beispiel als Teamleiter, Führungskräfte oder auch Verantwortliche in sozialen Berufen. In der Sache tun sie hier viel Gutes. Doch mit ihren Urteilen greifen sie den Selbstwert anderer an. Sie rauben anderen die Freude an ihrer Arbeit.

Im privaten Bereich können Abwerter verlässliche Freunde sein und ihre Fähigkeiten großzügig einsetzen. Doch auch hier äußern sie Urteile, die herabsetzen und kränken. Es ist schwer, sich dagegen zu wehren. Wir wollen ja kritikfähig sein. Wie soll man nur klarkommen mit Menschen, die das Beste wollen, das aber mit einer so negativen Brille und gefühlloser Härte tun?

Abwertern den Stachel ziehen

Die Abwertung kann man sich wie einen Pfeil vorstellen, den ein Abwerter abschießt. Oft lässt sich der Pfeil abwehren, bevor er die Seele trifft. Je schneller Sie reagieren, desto früher stoppen Sie den Angriff. Dazu stehen Ihnen folgende Möglichkeiten zur Verfügung:

> Schon ein Kopfschütteln kann eine imaginäre Barriere aufrichten. Eine Geste der Abwehr mit den Händen leistet das Gleiche. Falls Sie der Abwerter auf Ihre Körpersprache anspricht, können Sie die abwertenden Worte aufgreifen und sich von ihnen distanzieren. Sie können zum Beispiel sagen, dass Sie ein hartes Urteil schmerzt oder dass das, worum es geht, mit guten Gründen mehr Wertschätzung verdient.
>
> Gute Barrieren richtet auch der zweisilbige Kommentar auf, den die Kommunikationstrainerin Barbara Berckhan[5] empfiehlt: »Aha!« –

5 Berckhan, Barbara (1999): Die etwas intelligentere Art, sich gegen dumme Sprüche zu wehren. Selbstverteidigung mit Worten. Kösel Verlag, München. S. 60 ff.

»Soso.« – »Sag bloß!« – »Oh weh.« Dadurch signalisiert man, dass man zwar nicht einverstanden ist, aber sich auch nicht mit der Abwertung beschäftigen will.

In einer öffentlichen Situation haben Sie die sozialen Spielregeln auf Ihrer Seite, denn Abwertungen gelten als unfair. Beleidigende Worte schickt man am besten in Form einer Rückfrage an den Abwerter zurück: »Was meinen Sie genau mit *hirnverbrannt?*« Wenn ein Abwerter auf einer Beleidigung beharrt, bringt er sich ins soziale Abseits. Deshalb wird er auf Nachfrage seine Worte meist abmildern.

Darüber hinaus können Sie eine Abwertung auch sachlich richtigstellen: »In meinen Augen ist die Methode nicht bequem, sondern effektiv.« (Das wäre eine schlagfertige Antwort von Mia in der Konferenz gewesen.) – »Eine Entscheidung gut vorzubereiten, bedeutet noch keine Entscheidungsschwäche.«

Wenn die Abwertung unter vier Augen bleibt, gibt es noch eine weitere Strategie, um eine Grenze zu ziehen. Sie besteht darin, den Abwerter mit den Folgen seiner Äußerung zu konfrontieren. Das kann man so formulieren:

> »Wenn Sie mir Bequemlichkeit unterstellen, dann denke ich darüber nach, wie ich mich gegen dieses negative Urteil verteidigen kann. Ich hätte den Kopf aber lieber frei für die Aufgabe, die wir voranbringen wollen.«

Oder so:

> »Wenn du meine Vorschläge als idiotisch bezeichnest, dann werde ich zornig auf dich. Ich will aber nicht zornig werden, sondern dir mit positiven Gefühlen begegnen.«

Faire Grenzsetzungen führen Abwerter auf ein Spielfeld, auf dem ihnen die Erfahrung fehlt. Sie sind es gewohnt, dass andere ihre Abwertungen entweder schlucken oder um ihr Ansehen kämpfen. In der fairen Auseinandersetzung wirken Abwerter oft unbeholfen. Sie verlieren ihre Aura der Überlegenheit. Die Abwehrstrategien, die ich oben beschrieben habe, können Sie variieren und wiederholen, wenn es nötig ist. Das gibt Ihnen auch in harten Fällen die nötige Ausdauer. Denn wenn wir uns gegen eine Abwertung wehren, fällt dem Abwerter vielleicht eines als Nächstes ein: ein abwertendes Urteil über die Art und Weise, wie wir seiner Abwertung den Stachel ziehen: »Jetzt seien Sie mal nicht so empfindlich.« Wie wollen Sie darauf antworten? Sie können aus den oben beschriebenen Strategien auswählen. Mir wäre gerade nach einem humorvollen: »Soso.«

Wo Nächstenliebe ansetzen kann

Wer einem Abwerter begegnet, fragt sich:

- Warum merkt er nicht, was er mit seinen Worten auslöst?
- Fehlt ihm denn jedes Einfühlungsvermögen?
- Hält er so wenig von anderen, dass er ihre Sichtweise nicht ernst nimmt?
- Bedeuten ihm Beziehungen so wenig, dass ihm das Rechthaben über alles geht?

Diese Fragen führen zum Kern des Problems, das Abwerter haben. Sie haben die Zuwendung anderer als enttäuschend und unzureichend erlebt. Sie versuchen daher, andere durch Kritik zu bessern. Oder sie haben schon aufgegeben. Sie erwarten nicht mehr viel von anderen. So sorgen sie selbst für sich und machen nur noch das eigene Empfinden zum Maßstab. Wenigstens auf sich selbst können sie sich verlassen.

Im Umfeld von Abwertern herrscht deshalb oft ein kühles Klima. Ihre Zugehörigkeit zu anderen erarbeiten sich Abwerter durch Wissen, Fähigkeiten, Leistung und oft hohen Einsatz. Wenn Abwerter in einer Partnerschaft leben, sind die Partner oft unglücklich und fügen sich in ihre vermeintliche Unterlegenheit.

Was Abwerter wirklich brauchen, ist das, was ihnen als Kind gefehlt hat: emotionale Wärme, Annahme und Fürsorge, eine Anteilnahme an ihren Freuden, Bedürfnissen, Traurigkeiten und Sorgen. Sie haben ihre Eltern oft als unfähig erlebt, auf ihre Bedürfnisse einzugehen. Deshalb kommen ihnen Menschen auch heute noch als unzureichend vor.

Wo ein Klima von Wärme, Empathie und Fürsorge herrscht, können

Abwerter ihr Verhalten in erstaunlicher Weise verbessern. Natürlich müssen Sie abwertendes Verhalten nicht mit Zuwendung belohnen. Sie können aber einfühlsam und unterstützend sein, wenn sich ein Abwerter angemessen verhält. Sie können den Abwerter nach einem Missgeschick in Schutz nehmen, aufmerksam auf Bedürfnisse wie Durst, Hunger, Frischluft oder Hilfe eingehen, eine neue Frisur oder ein neues Kleidungsstück bemerken, in Zeiten von Krankheit eine Entlastung anbieten oder an seinen Gefühlen Anteil nehmen. Die kleinen Gesten, mit denen liebevolle Eltern ihre Kinder versorgen, gleichen denen, die auch Kollegialität, Freundschaft und gute Nachbarschaft ausmachen. Mit etwas Ausdauer füllen Sie den emotionalen Tank von Abwertern so, dass diese beziehungsorientierter reagieren. Sie öffnen sich für die Sichtweisen anderer und zeigen sich in einer mädchen- bzw. jungenhaften Weise, die sehr charmant sein kann.

Trotzdem werden Abwerter gelegentlich in abwertende Reaktionen zurückfallen. Die kann man aber besser ertragen, je positiver man einen Abwerter zwischendurch erlebt. Die Strategien dieses Abschnittes lassen sich auf folgende Formel bringen: »Solange du dich abwertend verhältst, stößt du bei mir auf faire Grenzen und ich muss mich von dir distanzieren. Sobald du dich aber positiv verhältst, findest du bei mir menschliche Wärme und Aufmerksamkeit.« Mit nahestehenden Abwertern wie Freunden, Familienmitgliedern oder dem Ehepartner kann man diesen Zusammenhang sogar offen besprechen.

Die Empfehlungen dieses Absatzes schreiben und lesen sich leicht. In der Praxis dagegen ist es übermenschlich schwierig, einer Person, die einen in den Schmutz zieht, auch noch einfühlsam, warmherzig und mit kompetenter Unterstützung zu begegnen. Man könnte sich damit motivieren, dass man es für sich selbst tut, wenn man einem Abwerter nicht aus dem Weg gehen kann. Die Strategien sind dann eine wirksame Überlebenshilfe, weil man dadurch weniger Abwertungen erleidet. Man könnte es aber auch als Training in der Nächstenliebe sehen. Denn die ist bedingungslos. Glaubende müssen dabei nicht aus sich selbst schöpfen. Sie erwarten, von Gott mit einer Liebe beschenkt zu werden, wenn es die Situation erfordert.

Annehmen, was nicht zu ändern ist

Abwerter geben uns das Gefühl, schlecht zu sein. Sie kränken und beschämen uns. Sie frustrieren unser Bedürfnis nach einer wertschätzenden und warmherzigen Resonanz. Der Umgang mit Abwertern erfordert daher eine besondere Fähigkeit: zu wissen, wer man ist und was man kann, auch wenn man negativ gesehen wird. Darüber hinaus hilft es sehr, wenn man es schafft, einem Menschen auch dann warmherzig zu begegnen, wenn er Wertschätzung vermissen lässt. Je nachdem, wie man geprägt ist, kann das auch überfordern. Besonders wer eine Abwerterin als Mutter oder einen Abwerter zum Vater hatte, den treffen negative Urteile möglicherweise sehr. Dann kann es ein Übermaß an Zeit und emotionaler Energie kosten, sich von den Kränkungen zu erholen. Manchmal löst man sich dann besser aus der Beziehung, wenn das möglich ist, oder man beschränkt die Zusammenarbeit auf das Nötigste.

Wie es weitergeht

Hier finden Sie noch einen Überblick über die Strategien, die helfen, wenn Sie mit abwertendem Verhalten konfrontiert sind.

- Nehmen Sie die Abwertung nicht persönlich. Sie ist ein Stressbewältigungsmechanismus von Menschen, die sich dem Unvermögen anderer ausgeliefert fühlen.
- Ziehen Sie der Kränkung den Stachel, indem Sie
  - eine körpersprachliche Barriere aufrichten;
  - bezüglich der Abwertung nachhaken;
  - die Fehleinschätzung sachlich richtigstellen.
- Wenn Sie einen guten Draht zu einem Abwerter haben, konfrontieren Sie ihn behutsam mit den Auswirkungen seines Verhaltens.
- Entschärfen Sie das Gefühl von Abwertern, von Unfähigen umgeben zu sein, indem Sie warmherzig und aufmerksam auf seine Bedürfnisse eingehen.

Sind Sie gerade mit einem Abwerter konfrontiert? Oder sind Sie von Kränkungen, Bloßstellungen oder negativen Urteilen noch so mitgenommen, dass es gut wäre, sie zu verarbeiten? Dann führen die folgenden Fragen und Anregungen weiter. Nehmen Sie sich dazu etwas Zeit und notieren Sie Ihre Gedanken.

Analysieren Sie Ihren Abwerter

1. Welche Abwertungen hat Ihr Abwerter schon ausgesprochen? Halten Sie zwei oder drei charakteristische Beispiele fest.
2. Beschreiben Sie hier genau, welche Gefühle und Gedanken die Abwertung bei Ihnen hervorgerufen hat.
3. Wie haben Sie bisher auf die Abwertungen reagiert?
   - Orientieren Sie sich dabei an den grundlegenden Stressreaktionen: Unterwerfung (»Ich gebe dem Abwerter recht und versuche mich zu bessern.«);
   - Flucht (»Ich gebe mir keine Blöße mehr und vermeide alles, was mich angreifbar macht.«);
   - Kampf (»Ich verteidige mich kämpferisch und zeige auch dem Abwerter seine Fehler und Mängel auf.«)
4. Abwertungen tun an den Stellen besonders weh, an denen Sie sich selbst kritisch sehen. Welche Punkte sind das? Was finden Sie an sich selbst nicht gut? Wer hat Ihnen dieses negative Bild über sich selbst vermittelt?

Ziehen Sie Abwertern den Stachel

1. Nehmen Sie die Abwertung nicht persönlich. Wenn Sie der Abwertung keinen Glauben schenken, nistet sie sich auch nicht in Ihrem Inneren ein. Setzen Sie deshalb der Abwertung einen positiven Satz entgegen. (Beispiel Abwertung: »Du bist entscheidungsschwach«. Innere Antwort: »Nein, ich lasse mir nur die Zeit, um in einer kniffligen Situation eine gute Entscheidung zu finden.«)
2. Richten Sie gegenüber der Abwertung eine Barriere auf. Welche der folgenden Maßnahmen wäre in Ihren Beispielen hilfreich gewesen?
   - Körpersprache: eine abwehrende Geste mit den Händen, ein Kopfschütteln, ein skeptischer Gesichtsausdruck, verschränkte Arme

- eine sachliche Richtigstellung (Beispiel: »Ich bin nicht bequem, sondern effizient.«)
- Nachfragen: »Was verstehst du genau mit *entscheidungsschwach?*«
- eine Kommunikationsstörung wie ein Zwei-Wort-Satz (»Soso.«; »Ach ja?«)

3. Haben Sie einen guten Draht zu Ihrem Abwerter? Dann könnten Sie ihn auf die Folgen seines Verhaltens hinweisen, zum Beispiel: »Wenn du meine Ideen *idiotisch* nennst, dann bin ich zornig auf dich und überlege, wie ich mich rechtfertigen kann. Aber ich möchte lieber den Kopf frei haben, damit wir in unserem Projekt weiterkommen.« Halten Sie einen für Sie passenden Satz schriftlich fest.
4. Ihr Abwerter hat das Problem, dass er sich immer wieder unfähigen Menschen ausgeliefert fühlt. Wie können Sie ab und zu Zeichen setzen, dass Sie einfühlsam, verständnisvoll, unterstützend und kompetent auf seine Bedürfnisse eingehen?

Das nächste Kapitel dreht sich um Vermeidung. Alle schwierigen Menschen vermeiden, was sie fürchten. Abwerter fürchten beispielsweise das Unvermögen anderer Menschen, denen sie sich um keinen Preis ausliefern wollen. Doch manche Menschen haben sich Vermeidung als Überlebensstrategie gewählt, die sie vor bedrohlichen und überfordernden Situationen schützt.

Vermeiden

Auch nichts tun kann anderen wehtun. Vermeider verweigern sich Aufgaben, die ihnen unangenehm sind. Sie ignorieren die Wünsche anderer, wenn sie sich aus ihrer Sicherheitszone hinauswagen müssten, um auf den Wunsch einzugehen. Vermeider mögen auch keine Konflikte. Sie ziehen sich zurück, wenn es Spannungen gibt.

Wir können nicht leben, ohne dass wir Gefahren begegnen oder uns Situationen auch einmal überfordern. Gegen diese unvermeidlichen Risiken richten manche Menschen einen Stachel auf, der sie schützt:

das Vermeiden. Er ist aus der Angst geboren und enttäuscht andere, die auf die Liebe und den Einsatz eines Vermeiders angewiesen sind. Ein Beispiel zeigt die unangenehmen Folgen des Nichtstuns.

Linus ist beliebt. Er gilt als begabter, einsatzfreudiger Abteilungsleiter. Viele in der Abteilung scheinen seine Schattenseite gar nicht zu bemerken. Wenn ein Mitarbeiter Probleme anspricht, wischt Linus sie mit einer witzigen Bemerkung beiseite. Manchmal bringen Entscheidungen der Unternehmensleitung die Abteilung in Bedrängnis. Linus duckt sich dann einfach weg, statt seine Mitarbeiter zu schützen. Sollen die doch einen Weg damit finden. Linus tut, als könnte er nichts machen. Natürlich könnte er als Abteilungsleiter bessere Bedingungen aushandeln, wie es in anderen Abteilungen auch geschieht. Doch er geht den Problemen einfach aus dem Weg.

Sollte man jemanden wie Linus nicht mit seiner Verantwortungsflucht konfrontieren? Und wenn vorsichtige Worte nichts helfen, dann mit ganz deutlichen? Das haben Vermeider allerdings schon oft erlebt. Sie haben Mittel gefunden, um ihre Sicherheitszone zu verteidigen. Zu diesen gehören Verleugnung, Überempfindlichkeit, Verantwortungsumkehr und Verschieben. Mit diesen Vermeidungsstrategien sollten Sie umgehen lernen, wenn ein Vermeider zu Ihrem persönlichen Umfeld gehört.

- *Verleugnung.* Wenn es Spannungen gibt, zieht sich Ramona aus der Freundschaft zurück. Sie meldet sich einige Wochen nicht. Wenn Patricia ihre Freundin fragt, was los ist, antwortet Ramona: »Nichts.« – »Aber Ramona«, beharrt Patricia, »es muss doch einen Grund haben, dass du dich so lange nicht meldest.« – »Nein«, behauptet Ramona. »Ich war einfach so beschäftigt und abends zu müde, um mich zu melden.«
- *Überempfindlichkeit.* Eigentlich kann man mit Michelle gut reden, aber wenn die Frage zur Sprache kommt, ob sie sich nicht genauso um die alternden Eltern kümmern kann wie die

übrigen Geschwister, reagiert sie gereizt. In Sekunden entfacht sie einen Streit und mengt längst vergangene Ereignisse mit hinein. Das Thema Eltern geht dabei unter, darin besteht auch der Grund für die Empfindlichkeit. Vermeider erklären unangenehme Themen zum Reizthema und müssen sich so nicht mit ihnen auseinandersetzen.

- *Verantwortungsumkehr.* Diese Strategie setzt Abteilungsleiter Linus aus unserem Beispiel oben ein. Er sagt: »Erst müssen die Umsätze steigen, dann kann man über bessere Arbeitsbedingungen nachdenken.« Nun sind die Mitarbeiter in der Pflicht und sollen sich noch mehr anstrengen. Und die Verantwortung von Linus ist auf unbestimmte Zeit verschoben.
- *Verschieben.* Diese Strategie vermeidet gleich zwei Unannehmlichkeiten: diejenigen, die das Anpacken einer Herausforderung mit sich bringen würde, und die Spannungen, die vielleicht auftreten, wenn ein Vermeider sagen würde: »Das mache ich nicht.« Verschieben vertröstet und besänftigt. Gleichzeitig entzieht es sich wirkungsvoll der Verantwortung. Denn später finden sich bestimmt andere gute Gründe zum weiteren Verschieben.

Vermeider haben diese Strategien jahrelang geübt. Sie sind oft so geschickt darin, dass man die Vermeidungsmanöver kaum bemerkt. Lassen Sie uns deshalb noch einen Moment betrachten, woran wir mit Vermeidern sind und warum uns so harmlose Zeitgenossen in Nöte bringen können.

Wie Sie Vermeider realistisch sehen

Innerhalb ihrer Sicherheitszone sind Vermeider angenehme Menschen. Gerade weil sie auf Sicherheit bedacht sind, fühlt man sich bei ihnen wohl, geborgen und gut aufgehoben. Im Rahmen der Grenzen, die sie sich stecken, erledigen Vermeider ihre Aufgaben oft treu und zuverlässig. So können Vermeider jahrelang ausgesprochen angenehme Kollegen sein, solange die beruflichen Anforderungen zu ihnen passen. Ändert sich das, bekommen sie es vielleicht mit der Angst zu tun. Dann lassen sie uns im Stich. Sie verraten uns – die Beziehung oder die gute Zusammenarbeit – für ihre Sicherheit.

Wenn Vermeider Vorgesetzte sind oder an einer wichtigen Schaltstelle sitzen, können die Arbeitsbedingungen unerträglich werden. Besonders belastend ist folgende Konstellation, von der mir Menschen immer wieder berichten: Ein schwieriger Mitarbeiter – ein Abwerter, Grenzüberschreiter oder Einschüchterer – arbeitet unter einem Vorgesetzten, der Vermeider ist. Weil der Umgang mit schwierigen Menschen immer auch eine Machtfrage ist, liegt es am Vorgesetzten, schwierigen Verhaltensweisen eine Grenze zu setzen. Wenn ein vermeidender Vorgesetzter davor zurückschreckt, kann der schwierige Mitarbeiter frei schalten und walten – ein Albtraum.

In privaten Beziehungen kann das Leben mit Vermeidern eng werden. Denn die Beziehung spielt sich in den Grenzen ab, innerhalb derer sich ein Vermeider noch wohlfühlt. Ein Besuch bei der Tante, die zugegebenermaßen etwas schwierig ist? »Nicht mit mir. Ich fühle mich da nicht wohl.« Eine Klettertour? »Lieber nicht, was da alles passieren könnte ...« Dann tanzen gehen? »Ich will mich doch nicht blamieren.« Vielleicht könnten wir dann mal überlegen, wie wir die Küche renovieren? »Gerne ein anderes Mal. Jetzt im Herbst habe ich so viel Stress.«

Darüber müsste man reden, dass sich beispielsweise Geben und Nehmen nicht mehr ausgleichen, wenn sich einer vor den unangenehmen Aufgaben drückt oder wenn eine Vermeiderin allein bestimmt, was an geselligen Aktivitäten, gemeinsamen Herausforderungen und in der Liebe an Intimität möglich ist. Doch auch das Sprechen darüber vermeiden Vermeider. Denn das würde ja in die Verantwortung führen. Vermeider verstummen dann lieber, machen Scherze oder gehen Gesprächen aus dem Weg. Manche Vermeider entdecken auch, dass Streit wunderbar von dem Thema ablenkt, um das es gehen könnte. Die, denen Vermeider etwas schuldig bleiben, geben irgendwann enttäuscht auf. Oder gibt es bessere Strategien, um auf die Vermeidung zu antworten?

Wo Nächstenliebe ansetzen kann

Wenn wir sozial eingestellt sind oder eine christliche Motivation haben, verwechseln wir oft Liebe mit lieb sein. Doch Liebe ist manchmal geradezu das Gegenteil von lieb sein. Sie macht sich nicht klein. Sie bringt Opfer, doch sie macht sich nicht zum Opfer. Nächstenliebe ist daher eine starke Liebe, die auch Grenzen setzen kann und dem anderen eine Verantwortung zumutet. Dafür finden sich bei Jesus viele Beispiele. Dass er mit Vermeidern nicht zimperlich ist, zeigt nichts besser als sein Gleichnis von den anvertrauten Talenten (Mt 25,14-30): Ein Diener, der Geld vergräbt, statt mit ihm zu wirtschaften, wird verstoßen. Der Diener entschuldigt sich: »Ich fürchtete mich ...« Doch Angst als Entschuldigung zählt nicht. Der Diener wird weggeschickt. In persönlichen Begegnungen mit Ängstlichen tritt Jesus sanfter auf. Doch wenn er Vermeider im Allgemeinen anspricht, lehrt er sie, sich vor dem Richtigen zu fürchten: vor der Vergeudung des eigenen Lebens, vor dem Sieg der Angst über die Liebe. Vielleicht hilft uns diese Betrachtung auf dem Weg vom lieb sein zu einer starken Liebe. Sie lädt ein und macht es dem ungemütlich, der sich selbst im Weg steht.

Wir dürfen dabei einfühlsam die Angst sehen, die hinter dem Stachel Vermeiden steht. Vermeider haben als Kinder Bedrohliches erlebt oder sind von ängstlichen Eltern geprägt worden. Doch Nächstenliebe wird nie zum Komplizen der Angst. Sie fordert heraus, um guter Beziehungen, um einer guten Zusammenarbeit, ja um eines guten Lebens willen.

Die Angst als Handicap sehen

Vermeidungsverhalten wirft eine entscheidende Frage auf: Ist Angst ein Hinderungsgrund? Aus psychologischer Sicht lautet die Antwort: Ja. In den meisten Fällen ist Angst ein Hinderungsgrund und kein Vorwand. Denn starke Angst kann man nicht kontrollieren, wie sich auch andere seelische Phänomene unserer Kontrolle entziehen. Einen stotternden Menschen zum Beispiel würde niemand unter Druck setzen, er solle doch flüssig sprechen. Das könne er schon und er müsse sich nur etwas überwinden. Von vermeidenden Menschen dagegen erwarten wir das. Wir sehen die Angst nicht dahinter oder halten sie, wenn wir sie sehen, für überwindbar. Doch wer Angst hat, kann sein Vermeidungsverhalten nicht immer mit seinem Willen beeinflussen.

Wer das Vermeidungsverhalten als Handicap sieht, tut sich im Umgang mit Vermeidern leichter und erspart sich Auseinandersetzungen, bei denen nichts zu erreichen ist. Dafür muss man manchmal Wunschbilder loslassen: »Bianca wäre so eine tolle Freundin, wenn sie mit Konflikten umgehen könnte.« – »Wolfgang wäre ein wunderbarer Kollege, wenn er sich auch einmal schwierigen Situationen stellen würde.« Doch Bianca ist nicht die Freundin, die man sich erhofft hätte, und Wolfgang ist ein angenehmer Kollege, der aber auch ein großes Problem hat. Das ist die Realität. Viele Probleme mit Vermeidern lösen sich bereits, wenn man sich der schmerzlichen Realität stellt und diese akzeptieren lernt. Auch mit anderen schmerzlichen Realitäten können wir leben: Unsere Traumwohnung liegt nicht in dem Stadtteil, in dem wir am liebsten leben würden; eine Krankheit kommt in unser Leben und wir müssen mit gewissen Einschränkungen leben. Das Verzichten fällt allerdings leichter, wenn man vorher geprüft hat, ob sich nicht doch etwas ändern lässt.

Angst bewältigen helfen

Wer Angst bewältigen will, muss das, was Angst macht, behutsam angehen, am besten in kleinen Schritten. Das kann man auch für den anderen tun. Eine konfliktvermeidende Freundin, die davor zurückweicht, ein grundsätzliches Gespräch über die Beziehung zu führen, ist vielleicht zu einem kleineren Schritt bereit. Sie hört sich an, dass man wegen einer Verspätung enttäuscht war. Wenn das Gespräch gut ausgegangen ist, wird die Freundin Sicherheit gewinnen und sich auch auf ein schwierigeres Thema einlassen.

Andere bewährte erste Schritte sind:

- sich unverbindlich über etwas informieren
- etwas nur so weit vorantreiben, dass man es noch rückgängig machen könnte
- einem anderen zusehen, wie er eine gefürchtete Aufgabe angeht
- eine Aufgabe unter leichteren Bedingungen ausprobieren, zum Beispiel eine Präsentation erst mal nur vor einem Kollegen oder nur vor der eigenen Abteilung halten

Eine weitere Angstbewältigungsstrategie setzt auf die Erfahrung, dass eine sichere Bindung die Angst nimmt. Eltern geben ihren Kindern Sicherheit, indem sie in einer neuen Situation so lange dabei sind, bis sich die Angst beruhigt. Das funktioniert auch bei Erwachsenen: Man bietet eine Zeit lang Begleitung an und zieht sich dann schrittweise zurück. Das kann zum Beispiel bei der Einführung einer neuen Software helfen. Doch Angst ist eine starke Emotion. Deshalb muss den Hilfen, die eine Herausforderung leichter machen, eine weitere Strategie an die Seite treten.

Spannung aufbauen

Vermeider gehen den Weg des geringsten Widerstandes. Unter den möglichen Optionen wählen sie diejenige, die am wenigsten Unannehmlichkeiten mit sich bringt. Deshalb sollten wir eine Situation schaffen, in der das Vermeidungsverhalten unangenehmer wird als das, was vermieden wird. Das erreicht man durch zwischenmenschliche und praktische Konsequenzen.

Niklas vernachlässigt seine Pflichten in der WG-Küche, er wäscht kaum ab, putzt nicht und käme nie auf die Idee, beschädigte Gegenstände zu ersetzen. Was tun? Mit sanfter Stimme auf das Problem hinweisen und Verständnis zeigen, weil Niklas gerade im Prüfungsstress ist? Wenn Sie einmal in eine solche Situation kommen und Erfolg haben wollen, dann muss Ihre Reaktion unangenehmer sein als die Küchenarbeit. Dazu muss man nicht laut oder gemein werden. Eine volle Stimme, fester Blickkontakt, eine Körperhaltung und Gesten, die Entschlossenheit signalisieren, können sehr unangenehme Reize setzen. Eine ungeschminkte Schilderung des Problems und der eigenen Gefühle, die es verursacht, verstärken den Nachdruck. Beziehungsstress gehört zu den Stressoren, auf die unser Nervensystem am stärksten reagiert.

Natürlich hat jeder das Recht auf einen ersten freundlichen Hinweis, wenn der aber ungehört bleibt, lässt sich die Intensität der Konfrontation steigern. Unangenehme praktische Konsequenzen wären zum Beispiel ein WG-Rat, der das Thema Küche in den Mittelpunkt stellt, oder die Mitbenutzung einer Kaffeemaschine daran zu binden, ob ein Vermeider sie sauber hinterlässt. Meist muss man gar nicht lange warten und ein Vermeider gibt nach, um dem Beziehungsstress oder den praktischen Unannehmlichkeiten zu entgehen. Niklas' Vermeidungsstrategie hat die Spur gewechselt: dem Stress in der WG aus dem Weg gehen.

Wenn ein Vermeider Einfluss hat, zum Beispiel als Vorgesetzter, kann man ihn natürlich nicht so direkt angehen. Man wird ihn eher auf die negativen Folgen hinweisen, die sein Vermeidungsverhalten hat – für die Abläufe, für die Produktivität, aber auch für die Stimmung und Arbeitsmoral von Mitarbeitenden. Als Konsequenzen könnte man eine Beschwerde an höherer Stelle ankündigen oder die Schwierigkeiten auf die Tagesordnung einer Besprechung setzen. Vermeider sind normalerweise gutmütig und keine Machtmenschen. Deshalb kann man auch Anreize setzen, wenn man in der Hierarchie unter ihnen steht. Wenn vermeidende Vorgesetzte allerdings zu sehr unter Druck kommen, verwenden sie ihre Macht, um Unannehmlichkeiten loszuwerden, im schlimmsten Fall sogar die Person, die sie mit Unangenehmen konfrontiert. Deshalb sollte man Anreize vorsichtig einsetzen und mögliche Folgen abwägen.

Eine konfrontative Strategie, die gegenüber Vermeidern angebracht ist, wäre gegenüber Rächern grundverkehrt. Auch Rächer vernachlässigen manchmal ihre Pflichten, aber aus Groll, nicht aus Angst. In diesem Fall ist es besser, für den Groll ein Ventil zu schaffen und künftigem Groll vorzubeugen.

Eine weitere Motivierungsstrategie nutzt den sozialen Austausch, der in jeder Beziehung stattfindet. Beziehungen beruhen auf Gegenseitigkeit: Gefälligkeiten wiegen einander auf und Aufgaben werden gerecht verteilt. Die Höflichkeit gebietet uns allerdings, dass wir dabei nicht kleinlich aufrechnen. Davon profitieren Vermeider. Denn die meisten Menschen scheuen sich, eine Gegenleistung für ihren Einsatz zu fordern. Wer mit Vermeidern auskommen will, muss sich über diese Höflichkeitsregel hinwegsetzen und den eigenen Einsatz – und seien es Selbstverständlichkeiten – an eine Gegenleistung binden. Auf einen Kuhhandel wie in den folgenden Beispielen lassen sich Vermeider in der Regel ein:

- Ein Thema, das einem Vermeider wichtig ist, nur dann besprechen, wenn auch ein anderes auf die Tagesordnung kommt, das er vermeidet.
- Eine Reise oder einen Ausflug davon abhängig machen, ob ein Vermeider seinen Teil zum Gelingen beiträgt.
- Einem Vermeider eine unangenehme Aufgabe nur abnehmen,

wenn er sich auf eine Fortbildung, Beratung oder Therapie verpflichtet, die ihn später in die Lage versetzt, seine Aufgabe selbst zu erledigen.

Vermeider stellen die Regel der Gegenseitigkeit nicht grundsätzlich infrage, wie es etwa Einschüchterer tun. Vermeider stehen sich mit ihrer Angst oft selbst im Weg. Das drücken sie meist so aus: »Ab und zu brauche ich einen Tritt in den Hintern.« – »Unter Druck arbeite ich am besten.« Diese Einsicht macht viele Vermeider offen für motivierende Anreize, selbst für solche, die nicht zu den normalen Umgangsformen unter Erwachsenen gehören.

Annehmen, was nicht zu ändern ist

Enttäuschung und Ohnmacht sind die Gefühle, die man im Umgang mit Vermeidern ertragen muss. Denn ängstliche Menschen enttäuschen, weil sie sich drücken. Sie bleiben einem schuldig, was man von ihnen braucht. Dass sie sich außerdem einem Gespräch darüber verschließen, treibt den Frust auf die Spitze. Der Umgang mit Vermeidern erfordert daher Frustrationstoleranz, Zähigkeit und jene Geduld, die sich von Teilerfolg zu Teilerfolg hangelt. Wenn Ihnen das nicht liegt, ist Akzeptanz eher zu empfehlen als Veränderung: den Vermeider so lassen, wie er ist, und sich so weit unabhängig machen, dass einen das Vermeidungsverhalten nicht mehr quält.

Akzeptanz klingt positiv. Doch nicht selten bedeutet sie, in eine schmerzliche Realität einzuwilligen. Akzeptanz kann auch bedeuten, ein Scheitern zuzulassen und nicht mehr dagegen anzukämpfen. Dabei geht man einen inneren Weg, der wie ein Trauerprozess verläuft. Als Psychotherapeut habe ich ihn schon oft begleitet. Am Ende ist dieser Weg aber befreiend. Denn man löst sich aus der Abhängigkeit von einem Menschen, der einem einfach nicht geben kann, was man braucht.

Wenn man die Strategien ausprobiert, die ich in diesem Kapitel beschrieben habe, ist es leichter, einen Weg der Akzeptanz zu gehen. Denn dann weiß man: »Mehr, als ich erreicht habe, ist einfach nicht möglich.« Man kann den andern nicht zu seinem Glück zwingen. Jemanden, der in seiner Angst gefangen ist, kann man oft nur zu kleinen

Schritten bewegen und manchmal reichen die nicht aus für eine gute Beziehung oder Zusammenarbeit. Es gibt viele sanfte Möglichkeiten, sich aus der Abhängigkeit von dem zu lösen, der einen im Stich lässt. Man kann die Zusammenarbeit unauffällig einschränken und sich mehr auf andere verlassen. Oder man lässt eine Beziehung oberflächlicher werden.

Es schmerzt, wenn am Ende doch die Vermeidung gesiegt hat, wenn sie genau das erreicht hat, wozu der Stachel da ist: mit Verantwortung und Unannehmlichkeiten in Ruhe gelassen zu werden. Doch gleichzeitig kann es ein persönlicher Sieg sein, wenn man sich aus einer enttäuschenden Beziehung löst. Denn es gibt viele Menschen, die gerne Verantwortung übernehmen und in deren Nähe man sich wohlfühlt, ohne dass man sich mit Vermeidung herumschlagen muss.

Wie es weitergeht

Hier fasse ich die Strategien des Kapitels noch mal zusammen:

- Sehen Sie die Angst hinter dem Vermeidungsverhalten und erwarten Sie nicht zu viel. Angst ist ein echtes Handicap.
- Helfen Sie bei der Angstbewältigung durch einen Schritt-für-Schritt-Plan, Begleitung und Hilfe, die Sie im Gegenzug zu kleinen Schritten gewähren.
- Wenn Sie durch Vermeidungsverhalten beeinträchtigt werden, machen Sie es unattraktiv. Zeigen Sie Ihre Gefühle, benennen Sie die Folgen, die das Vermeidungsverhalten für Sie hat, kündigen Sie Konsequenzen an, die unangenehmer sind als das, was ein Vermeider umgehen will.
- Binden Sie Ihre Unterstützung an Gegenleistungen, wenn ein Vermeider Ihnen Selbstverständliches vorenthält.

Sind Sie gerade mit einem Vermeider konfrontiert? Oder sind Sie noch betroffen von einer Beziehung zu einem Vermeider, die gescheitert ist? Dann führen die folgenden Fragen und Anregungen weiter. Nehmen Sie sich dazu etwas Zeit und notieren Sie Ihre Gedanken.

Analysieren Sie Ihren Vermeider

1. Wo genau bleibt Ihr Vermeider Ihnen etwas schuldig? Halten Sie zwei oder drei charakteristische Beispiele fest.
2. Welche Gefühle löst das Vermeidungsverhalten bei Ihnen aus? Haben Enttäuschungen Ihre Beziehung zu Ihrem Vermeider verändert?
3. Wie haben Sie bisher auf das Vermeidungsverhalten reagiert? Orientieren Sie sich dabei an den grundlegenden Stressreaktionen:
   - Unterwerfung (»Ich bin enttäuscht, aber ertrage es einfach. Ich finde Entschuldigungen für meinen Vermeider.«);
   - Flucht (»Ich gehe dem Konflikt aus dem Weg und ertrage das Vermeidungsverhalten einfach.«);
   - Kampf (»Ich versuche, meinen Vermeider zu überreden, und übe sogar Druck aus.«)
4. Haben Sie Ihren Vermeider womöglich in seiner Angst bestärkt, indem Sie überreagiert und sich bedrohlich verhalten haben? Oder haben Sie im Gegenteil Vermeidungsverhalten belohnt, indem Sie Ihrem Vermeider Unangenehmes abgenommen haben? Halten Sie hier Beispiele fest.

Motivieren Sie Ihren Vermeider

1. Angst ist ein Handicap, sie schränkt die Fähigkeiten eines Menschen wirklich ein. Unterscheiden Sie: Was würde Ihr Vermeider auch dann nicht tun, wenn es sehr starke Anreize dafür gäbe? Was wäre möglich, wenn die Anreize stimmen?
2. Welche Hilfestellungen könnten Sie geben, um Ihren Vermeider zu dem zu bewegen, wozu er eigentlich verpflichtet ist (informieren, anleiten, vormachen, mitmachen, einen Teil der Aufgabe für sie/ihn erledigen ...)?
3. Wie können Sie das Vermeidungsverhalten unattraktiv machen? (Beispiele: Ihre Gefühle zeigen, Folgen benennen, Konsequenzen ankündigen ...)
4. Können Sie etwas über die Ängste erfahren, die hinter dem Vermeidungsverhalten stehen? Wie können Sie das Selbstbewusstsein und das Sicherheitsgefühl Ihres Vermeiders stärken?

Vermeider sind friedliche Menschen, die ihre Sicherheit lieben. Was aber, wenn ein angriffslustiger Mensch zu Angst neigt? Dann muss er im Verborgenen kämpfen. Im nächsten Kapitel erfahren Sie alles über Rächer.

Rächen

Rächer bestrafen ihre Mitmenschen. Sie verletzen sie mit Bemerkungen. Sie verweigern anderen, was diese dringend brauchen. Sie morden den Ruf derer, die in ihren Augen Vergeltung verdienen. Ihre Opfer sind ahnungslos. Erst an der Rache merken sie, dass jemand etwas gegen sie hat. Doch wenn sie ihren Rächer auf sein Verhalten ansprechen, zuckt der mit den Schultern. Manchmal huscht ein Lächeln über sein Gesicht, das er rasch überspielt. Man sieht oder ahnt, dass ein Rächer zufrieden ist, wenn sie die Rache getroffen hat. Doch eingestehen, dass er sich gerächt hat, wird er nicht. Warum tun Rächer das? Dem gehen wir in diesem Kapitel nach. Wenn Sie es schon einmal mit einer Rächerin oder einem Rächer zu tun hatten, finden Sie sich sicher in den folgenden Situationen wieder.

Dr. Meier-Neiße erstellt den Stundenplan seines Gymnasiums. Von ihm hängt die Lebensqualität vieler Kollegen ab. Ein zerstückelter Wochenplan oder Nachmittagsunterricht trifft besonders Mütter hart. Zu ihnen gehört Farida, deren Töchter im Kindergarten sind. Im vergangenen Schuljahr hat sie sich einmal gegen Dr. Meier-Neiße durchgesetzt, als es um eine Raumbelegung ging. In den Sommerferien darauf hat sie einen Stundenplan aus ihrem Fach gezogen, der schlimmer nicht hätte sein können. War das Zufall?

Auch Menschen, die einem nahestehen, können strafen:

Emilia bringt ihren Freund zu einer Familienfeier mit. Beim Abschied sagt ihre Tante: »Diesmal wünsche ich dir mehr Glück, mein Herz.« Emilia kämpft mit den Tränen. Ihre Tante weiß doch, wie schlimm die Scheidung für sie war und wie brennend ihre Schuldgefühle sind, dass sie das ihrem Sohn nicht ersparen konnte. Wie kann ein Mensch den anderen ausgerechnet da verletzen, wo man am verwundbarsten ist? Ist die Tante so blind? Oder ist sie sauer, weil sich Emilia an Weihnachten nicht bei ihr gemeldet hat? Emilia hatte ein schlechtes Gewissen, aber in ihrem Leben ging es drunter und drüber um die Weihnachtszeit. Hätte sie sich bei der Tante lieber noch mal melden sollen, damit die ihr nicht grollt?

Rächer wagen sich nicht aus der Deckung. Stattdessen finden sie den Punkt, an dem ihr Gegenüber verwundbar ist. Das macht ihre Vergeltung so effektiv: kleine Dinge, die einen großen Schaden verursachen. Emotional verletzen Rächer andere da, wo sie ihre Schwächen haben. Sie blockieren, wo ein anderer seine drängendsten Bedürfnisse hat.

Sie reden genau dort schlecht über andere, wo es diese am meisten trifft: bei Vorgesetzten, bei wichtigen Kunden oder einflussreichen Menschen im Umfeld der Betroffenen. Durch Versäumnisse oder Fehlinformationen gelingt es Rächern manchmal, ihre Opfer bloßzustellen, sie Chancen verpassen zu lassen oder ihnen sogar finanziellen Schaden zuzufügen.

In der Familie der Rächer gibt es viele Gemeinsamkeiten, in einer Hinsicht jedoch unterscheiden sich ihre Vertreter voneinander. Auf der einen Seite stehen die unschuldigen Rächer, denen ihr Verhalten nicht bewusst ist. Sowohl ihre verdeckte Aggression als auch ihre Befriedigung darüber haben sie zu verdrängen gelernt. Die Psychologie spricht dann von passiv-aggressivem Verhalten oder von passiv-aggressiven Persönlichkeiten. Auf der anderen Seite stehen Menschen, die ihre Rachefantasien genießen und Rache als Befriedigung erleben.

Wo Nächstenliebe ansetzen kann

Rächer sind ein Ernstfall für die Nächstenliebe. Ist nicht spätestens dann Schluss, wenn einem jemand schaden will? Nach dem christlichen Verständnis jedoch beginnt Nächstenliebe dann erst richtig. Es ist vielleicht ein Alleinstellungsmerkmal des christlichen Glaubens, dass er gerade dem Gutes entgegenbringt, der Böses tut. Auch Menschen, die nicht viel mit Kirche anfangen können, sind von dieser Haltung fasziniert.

Feindesliebe wird möglich, weil Glaubende die Frage nach Macht und Gerechtigkeit Gott überlassen. Manchmal hat man selbst eine positive Macht, zum Beispiel als Vorgesetzte oder in einer Familie, in der andere auf unser Wort hören. Dann setzt Nächstenliebe einem Rächer faire Grenzen und lädt ihn zu einem guten Miteinander ein. Dass man darauf verzichtet, einen Rächer fertigzumachen, auszugrenzen oder bloßzustellen, obwohl man es könnte, mag zwar nicht verdient sein. Wenn aber dadurch ein gutes Miteinander gelingt, macht das alle glücklich.

Auch wenn die Machtverhältnisse anders sind, ist alles gut. Gott wird sich, so nimmt der Glaube an, nicht daran hindern lassen, uns alles Gute zu geben, das er in unser Leben bringen will. Das kann kein Mensch verhindern. Gott heilt, macht gut und ersetzt einen Schaden.

Manchmal wiegt die Erfahrung seiner Nähe und Liebe auf, was uns ein anderer zerstört hat. Solche Glaubenswege sind nicht immer leicht. Glaubende gehen los und wissen noch nicht, ob sie an einem guten Ende ankommen. Doch es liegt in der Natur des Glaubens, auch dann mit Gott zu rechnen, wenn einen die Umstände zweifeln lassen. Solange noch Leben vor uns liegt, ist der Ausgang offen.

Wer die Welt so sieht, kann selbst dem Gutes entgegenbringen, der einem Böses tut. Er kann einfühlsam und unterstützend sein, auch wenn es jemand nicht verdient hat. Er kann vergeben und neu beginnen. Trotzdem – ich kann es nicht oft genug wiederholen – macht sich der Glaube nicht zum Opfer der Schwächen anderer. Wo man die Macht hat, darf man Menschen Grenzen setzen, die sich nicht fair verhalten. Man sollte es sogar. Denn alles andere hieße, den anderen aufzugeben und den Weg zu einem guten Miteinander gar nicht erst zu suchen.

Falls Ihnen eine solche Sicht auf Rächer fremd ist, werden Sie in den folgenden Abschnitten entdecken: Was man aus einer sozialen oder christlichen Motivation heraus tun kann, deckt sich überraschend oft mit dem, was einem auch ein gesunder Egoismus raten würde.

Der Rache vorbeugen

Der Umgang mit Rächern erfordert vorbeugende Strategien. Man kann Spannungen entschärfen, bevor sie ein kritisches Maß überschreiten. Ärger lässt sich oft voraussehen. Dann kann man ihm Ventile schaffen. Wenn man weiß, dass es einer Person schwerfällt, offen für ihre Interessen einzutreten, kann man sie darin unterstützen.

Vielleicht lösen die Empfehlungen dieses Kapitels ein Unbehagen bei Ihnen aus: »Super! Dann soll ich meinen Rächer also mit Samthandschuhen anfassen und zuvorkommend behandeln, während er sich zurücklehnt und beobachtet, dass ihm ja kein Unrecht geschieht. Er muss andere nur hin und wieder strafen, schon lesen sie ihm die Wünsche von den Augen ab. Und da soll ich mitspielen?« Leider kommt man mit Rächern tatsächlich nur klar, wenn man ihnen einen Teil der kommunikativen Verantwortung abnimmt. Das ist ärgerlich und ungerecht. Trotzdem ist genau das ein wichtiges Mittel der Schadensbegrenzung. Wir werden die Vorbeugung allerdings durch Strategien ergänzen, die

die Rache unattraktiv machen. Sie ziehen ins Licht, was ein Rächer lieber im Dunklen ließe, und spielen ihm damit Verantwortung zu.

Interessant ist hier ein Blick auf die Wirtschaft. Denn auch Unternehmen müssen mit Rächern umgehen. Hotelketten zum Beispiel legen Fragebögen aus, auf denen Gäste Noten verteilen und Kritikpunkte notieren können. Supermärkte bilden den Marktleiter mit Foto und Namen ab: »Wenn Sie zufrieden sind, sagen Sie es weiter; wenn nicht, wenden Sie sich an unseren Marktleiter, Herrn Müller.« Internethändler bieten einen Link für Kritik. Die Logik dieser Angebote liegt auf der Hand: »Bevor uns unzufriedene Kunden bestrafen, indem sie zur Konkurrenz gehen, schlecht über uns reden oder uns schlecht bewerten, leihen wir ihrer Unzufriedenheit lieber ein Ohr.« Was sich im Marketing bewährt hat, lässt sich auch im persönlichen Umfeld nutzen, besonders natürlich, wenn man mit einem Rächer zu tun hat.

Je beiläufiger Sie sich nach Unzufriedenheit erkundigen, desto besser sind die Chancen, dass ein Rächer sich öffnet. Viel zu direkt wäre allerdings eine Frage wie diese: »Kann es sein, dass Sie sich über mich geärgert haben?« Denn Rächer fürchten ja die offene Auseinandersetzung und werden auf eine solche Frage ausweichend antworten. Mehr Erfolg versprechen Formulierungen wie diese:

- »Am Ende eines Projekts bitte ich gerne um eine Rückmeldung. Was ist gut gelaufen? Was könnte besser laufen? Darf ich Sie um eine Rückmeldung bitten?«
- Oder: »Neulich habe ich an dich gedacht. Bei der Frage, wo die Familienfeier stattfindet, ist dein Wunsch nicht berücksichtigt worden. Findest du, dass die Entscheidung trotzdem auf faire Weise gefällt wurde?«

Rächer antworten auf einfühlsame Fragen. Sie offenbaren dann, was sie stört. Vielleicht deuten sie sogar an, wenn sie etwas gekränkt oder verärgert hat. Aber selbst wenn Rächer verbergen sollten, was los ist, verhindert die Aufmerksamkeit, dass sich Unzufriedenheit zu einem gefährlichen Groll anstaut. Denn es kommt ja an: »Ich bemühe mich um Gerechtigkeit. Mir sind deine Interessen und dein Wohlbefinden wichtig.«

Wenn Rächer aber nun ihren Unmut äußern, wie geht man dann

mit diesem um? Professionelle Beschwerdestellen haben das Motto: Der Kunde hat immer recht. Auch wenn ein Rächer zu hohe Erwartungen hat oder etwas persönlich nimmt, was mit ihm nichts zu tun hatte, gibt es doch immer ein Interesse, in das man sich einfühlen kann. Vielleicht war der Beitrag eines Rächers objektiv gesehen nicht wichtig genug, um in das Protokoll einer Teambesprechung aufgenommen zu werden. Aber verständlich ist der Wunsch dennoch, mit den eigenen Ideen ernst genommen zu werden und eine Chance auf deren Verwirklichung zu sehen. Verständnis ist daher schon die halbe Miete: »Da ist ein Punkt, der Ihnen wichtig war, untergegangen. Das tut mir leid.« An dem Beispiel können Sie auch sehen: Man kann auch Verständnis äußern, ohne der Sichtweise des anderen zuzustimmen.

Wenn Sie auf einen Rächer eingehen können, entspannt das die Beziehung. Zum Beispiel kostet es nur wenige Minuten, ein Protokoll zu ändern. Natürlich kann man nicht immer in der Sache einen Kompromiss machen. Dann kann man zu einem weiteren Kniff von Beschwerdestellen greifen: den Unmut in Richtung einer höheren Instanz lenken: »Herr Obermeier besteht darauf, dass wir nur kurze Ergebnisprotokolle führen.«

Zeitdruck, unvorhergesehene Ereignisse oder Firmenspielregeln lassen Rächer meist als höhere Gewalt gelten. Auch für die persönlichen Grenzen anderer haben Rächer oft Verständnis: »Ich kann verstehen, dass du erleichtert wärst, wenn ich unseren Vater häufiger besuchen würde. Aber du weißt, dass unsere Beziehung sehr belastet ist, mehr Kontakt würde mich einfach überfordern.« Wenn Rächer die Gründe verstehen, warum ein Entgegenkommen nicht möglich ist, erscheint ihnen Ihr Verhalten nicht mehr willkürlich und der Unmut verraucht.

Die Folgen offenlegen

Rächer üben ihre Macht aus, solange sie im Verborgenen handeln. Wer ihr Tun ans Licht bringt, begrenzt auch ihren Einfluss. Dabei sollte man nicht autoritär auftreten, sondern Rächern auf Augenhöhe begegnen. Zum Beispiel so:

- »Die Zeichnung lag 14 Tage bei Ihnen. In dieser Zeit ist der Liefertermin verstrichen, den ich unserem Kunden zugesagt habe.

Das trifft mich doppelt: weil es ein wichtiger Kunde ist und weil die Unpünktlichkeit vor allem auf mich als Teamleiter zurückfällt.«
- Im Privatleben kann das so klingen: »Mein Übergewicht ist ein Punkt in meinem Leben, an dem ich besonders verletzlich bin. Wenn du vor anderen darauf anspielst, trifft mich das sehr.«

Die Wirkung solcher Rückmeldungen beruht auf drei Faktoren. Erstens haben Rächer eine verzerrte Wahrnehmung, was die Machtverhältnisse angeht. Sie erleben sich selbst als klein und dem Willen anderer ausgeliefert. Dieses Zerrbild korrigiert sich, wenn sie ihre eigene Macht wahrnehmen und die Verwundbarkeit anderer für sie spürbar wird.

Zum Zweiten macht Offenheit den Raum für Heimlichkeiten kleiner. Sind die Folgen erst einmal offengelegt, wird es schwer für den Rächer, einen Abgabetermin scheinbar zu vergessen oder mit einer Bemerkung scheinbar unbeabsichtigt zu verletzen.

Und drittens setzt Offenheit einen wirksamen Hebel an, sobald andere Menschen einbezogen sind. Eine offene Rückmeldung ohne Vorwurf kann man auch in Teams oder anderen Gruppen aussprechen. Damit geht man kein Risiko ein. Das Risiko für den Rächer dagegen steigt. Irgendwann wird er für die Folgen seines Tuns zur Verantwortung gezogen. Denn früher oder später führt negatives Verhalten zu Konsequenzen, ganz gleich, ob es aus Rache oder aus anderen Gründen geschieht. Vielleicht kann man auch selbst Konsequenzen ankündigen. Als Vorgesetzte könnte man jemanden versetzen oder eine Abmahnung vorbereiten, wenn Rächer Projekte anderer boykottieren. Aus einem Freundeskreis könnte man eine Rächerin ausschließen, die durch schlechtes Reden versucht, die Beziehungen zwischen anderen zu schädigen. Wenn man zuvor ausgesprochen hat, dass man selbst verwundbar ist, wenn einen die Rache trifft, wird ein Rächer eher nachgeben, bevor es zu der Konsequenz kommt. Denn sie erscheint ihm nicht wie eine große Ungerechtigkeit, die ihn wieder grollen lässt.

Vergeben

Die Empfehlungen dieses Abschnitts schützen vor Racheakten in der Zukunft. Aber was ist mit den vergangenen? Nur selten gibt es Möglichkeiten, eine Wiedergutmachung zu fordern. Oft fehlt eine Instanz, die eine gerechte Strafe aussprechen könnte. Dann ist Vergebung die beste Option.

Täter erzeugen mit ihrer Tat eine Bindung, die ihr Opfer an sie fesselt: Wut auf den Täter, Furcht vor ihm, Rachegedanken ihm gegenüber oder Wiedergutmachungswünsche an ihn. Oft entsteht durch eine negative emotionale Bindung ein größerer Schaden als der, den ein Täter ursprünglich zugefügt hat. Wer sich vor einem Rächer schützen will, sollte die negative Bindung so schnell wie möglich auflösen. Wie das gelingen kann, zeigt uns die Umgangssprache: Statt jemandem »etwas nachzutragen«, kann ich begraben, was ich ihm nicht mehr nachtragen will, und es ruhen lassen. Statt mit jemandem »eine Rechnung offen« zu haben, kann ich »erledigt« darunterschreiben und sie abheften, als wäre sie beglichen. Statt jemandem »Unglück zu wünschen«, kann ich ihn seinem Schicksal überlassen, ob es nun hart oder freundlich mit ihm verfahren mag.

Damit ist die Vergebung als zwischenmenschlicher Vorgang beschrieben. Wenn wir Vergebung als emotionalen Vorgang betrachten, durchlaufen Menschen dabei in der Regel drei Phasen.

Wer vergeben will, sollte zunächst seine Gefühle ernst nehmen und sie zulassen. Eine verletzende Äußerung schmerzt, das Durchkreuzen eines Planes macht traurig oder weckt ohnmächtige Wut, ein materieller Schaden oder eine Schädigung des Rufes erschüttern. Vergebung soll bei der Bewältigung von Gefühlen helfen, sie aber nicht übertünchen. Dabei kann man sich Zeit lassen, die Gefühle in einem ruhigen Moment zu spüren und über sie nachzudenken. Man kann sie einer Person mitteilen, die gut zuhören kann und nicht gleich bewertet oder Ratschläge gibt.

Wenn die eigenen Gefühle Zeit und Raum gefunden haben, kann ein Entschluss zur Vergebung folgen: »Ich verzichte auf Rache, auf Wiedergutmachung und auf einen riskanten Kampf um Gerechtigkeit.«

Ein dritter Schritt ist der schwerste: wieder positive Gefühle gegenüber dem Täter aufbauen. Nur wer diesen Schritt geht, profitiert umfassend von Vergebung. Zu diesem Schluss kommt die Vergebungsforschung, die verschiedene Wege der Vergebung verglichen hat.[6]

---

6 McCullough et al. (2009): Forgiveness. In: Snyder C., Lopez S. (eds.). Oxford Handbook of Positive Psychology. University Press, Oxford. S. 427-436.

Wer sich von einem Rächer noch bedroht fühlt, muss sich mit dem dritten Schritt etwas Zeit lassen. Denn emotional erfordert Vergebung ein Mindestmaß an innerer Sicherheit. Sie stellt sich ein, wenn die beschriebenen Maßnahmen der Vorbeugung greifen.

Folgende Strategien können positive Gefühle gegenüber Rächern wecken:

- Manchmal hilft die Erinnerung an Situationen, in denen man selbst andere verletzt oder ihnen geschadet hat. Die Handlung des Rächers mag schlimmer und verwerflicher sein als eigene Verfehlungen. Aber vielleicht beruht sie auf ganz ähnlichen Ursachen: auf einer emotionalen Überreaktion, auf einem Moment der Blindheit für die Auswirkungen des eigenen Handelns, auf einer bedrohlichen Situation, in der ein anderer als Feind erscheint. Die menschliche Schwäche, die man mit dem Täter teilt, kann sein Handeln verzeihlicher machen und Verständnis wecken.
- Vielleicht hat ein Rächer auch gute Seiten gezeigt, die erlauben, ihn etwas positiver zu betrachten, oder die den Racheakt sogar aufwiegen.
- Auch Einfühlung verändert die Gefühle. Wie muss es einem gehen, dass er zum letzten Mittel der Rache greift? Wie ohnmächtig muss er sich vorkommen? Wer den machtlosen Jungen im Rächer sehen kann, findet vielleicht zu Mitgefühl.
- Unser Handeln hat immer eine Rückwirkung auf unsere Gefühle, positives Verhalten zieht positive Gefühle nach sich. Eine gute Tat verwandelt die Gefühle, zum Beispiel ein freundliches Wort oder eine kleine Hilfeleistung.

Vergebung löst also die negative Bindung an den Rächer. Eine ausgeglichene Gefühlslage hilft außerdem, sich dort zur Wehr zu setzen, wo es sinnvoll und möglich ist. Denn eine maßvolle, gezielte Gegenwehr hat mehr Erfolg als ein Zurückschlagen, das von Gefühlen geleitet ist.

Annehmen, was nicht zu ändern ist

Der Umgang mit Rächern beruht auf Verhaltensweisen, die nicht jedem liegen: einer einfühlsamen Voraussicht, wenn Interessen des anderen berührt sind, Vergebungsbereitschaft, der Fähigkeit, einen anderen taktvoll mit den Auswirkungen seines Verhaltens zu konfrontieren, und einem sensiblen Umgang mit Machtsituationen. Dieser Anforderungskatalog dürfte vor allem Menschen stressen, die nicht gerne in einem Zustand erhöhter Wachsamkeit leben. Ob man mit Rächern einen Weg findet, liegt nicht zuletzt an den Machtverhältnissen. Wer zum Beispiel in einer Firma einen guten Ruf genießt, den wird schlechtes Reden eines Rächers kaum treffen. Einem neuen Mitarbeiter dagegen könnte schlechtes Reden schaden. Deshalb kann es Situationen geben, in denen man einem Rächer besser aus dem Weg geht, wenn man die Möglichkeit dazu hat.

Wenn Sie dagegen mit einer guten Portion Vorsicht leben können und eine sichere Position haben, brauchen Sie den Umgang mit Rächern nicht zu fürchten. Ihre zurückhaltende, antiautoritäre Art macht Rächer zu Menschen, mit denen man lachen, entspannen und sich gegen das Establishment verbünden kann. Sie sind darüber hinaus verlässliche Kollegen und Freunde, solange man Machtproben vermeiden kann.

Wie es weitergeht

Hier finden Sie noch einen Überblick über die Strategien, die helfen, wenn Sie jemand bestraft oder sich an Ihnen rächt, statt einen Konflikt offen auszutragen.

Erkennen Sie verdeckte Rache an der Häufung von Verhaltensweisen, die Sie treffen, aber scheinbar zufällig passieren.

- Versuchen Sie nicht, die heimliche Rache zu entlarven. Konfrontieren Sie Rächer stattdessen sachlich mit den Folgen, die ihr Verhalten für Sie hat.
- Beugen Sie einer Rache vor, indem Sie sensibel mit Machtsituationen und den Interessen von Rächern umgehen. Fragen Sie zuvorkommend nach einer möglichen Unzufriedenheit.
- Entschärfen Sie die Unzufriedenheit eines Rächers durch kleine Zugeständnisse, Verständnis und den Verweis auf Sachzwänge.

- Bestehen Sie bei der Verletzung Ihrer Interessen auf einer Wiedergutmachung oder auf Konsequenzen. Wo das nicht möglich ist, vergeben Sie lieber, anstatt eine negative emotionale Bindung an den Rächer entstehen zu lassen.

Sind Sie gerade mit einem Rächer konfrontiert? Oder sind Sie noch mit ohnmächtiger Wut beschäftigt, die man erlebt, wenn einen Rache trifft? Dann führen die folgenden Fragen und Anregungen weiter. Nehmen Sie sich dazu etwas Zeit und notieren Sie Ihre Gedanken.

Analysieren Sie Ihren Rächer

1. Auf welche Weise waren Sie Rache oder Bestrafung ausgesetzt? Halten Sie zwei oder drei charakteristische Beispiele fest.
2. Machen Sie sich den Schaden bewusst, der entstanden ist: was Sie an Zeit, Geld, gutem Ruf oder Entfaltungsmöglichkeiten eingebüßt haben oder worin der emotionale Schaden lag.
3. Wie haben Sie bisher auf die Bestrafungen oder Racheakte reagiert? Orientieren Sie sich dabei an den grundlegenden Stressreaktionen:
   - Unterwerfung (»Ich sage mir: ›Ich bin selbst schuld, ich hätte meinen Rächer eben besser behandeln müssen.‹«);
   - Flucht (»Ich behandle den Rächer mit Samthandschuhen, um ja nicht wieder bestraft zu werden.«);
   - Kampf (»Ich versuche, die Racheakte ans Licht zu ziehen, oder zahle es meinem Rächer heim.«)
4. Erkennen Sie den wunden Punkt Ihres Rächers? Ahnen Sie, warum sich Ihr Rächer nicht offen auseinandersetzt, wenn ihn etwas stört? Gibt es Hinweise darauf, warum er sich Ihrer Persönlichkeit und Ihrem Einfluss nicht gewachsen fühlt?

Entwaffnen Sie Ihren Rächer

1. An welchen Stellen sollten Sie Ihren Rächer mit den Folgen konfrontieren, die sein Verhalten für Sie hat oder hatte? (Beispiel: »Wenn Sie schlecht über mich reden, statt das Problem mit mir zu besprechen, dann schaden Sie meinem Ruf.«)

2. Können Sie angemessene Konsequenzen anwenden oder eine Wiedergutmachung durchsetzen, ohne dass die Situation eskaliert? (Beispiel: »Bitte sage du es dem Chef, dass du die Frist nicht eingehalten hast und wir deshalb im Verzug sind. Andernfalls werde ich es tun.«)
3. Wo bleibt Ihnen nichts anderes übrig, als einen Schaden hinzunehmen? Entschließen Sie sich hier zum Vergeben, damit in Ihnen kein Groll und keine Rachegelüste entstehen. Halten Sie hier ein »Ich-vergebe-dir/Ihnen-Statement« fest.
4. Wie können Sie wieder positive Gefühle für Ihren Rächer entwickeln? (Beispiele: auf seine positiven Seiten sehen, sich erinnern, dass Sie auch schon an anderen schuldig geworden sind, Ihrem Rächer in einer kleinen Sache unverdient etwas Gutes tun ...)
5. Wo haben Sie Macht ausgeübt oder Entscheidungen getroffen, die Ihnen Ihr Rächer vielleicht übel genommen hat? Wo können Sie künftig in ähnlichen Situationen transparenter vorgehen, Ihren Rächer einbeziehen und seine Interessen berücksichtigen, um Racheakten vorzubeugen?

Kombinierte Typen

In diesem Kapitel nähern wir uns Menschen, die heute manchmal als toxische Persönlichkeiten bezeichnet werden. Ich finde den Vergleich mit toxischen, also giftigen, Substanzen hilfreich, denn er nimmt die Gefahr ernst, die von der Berührung mit extrem schwierigen Menschen ausgeht. Man kommt gut auf Ideen wie Schutzanzüge und Dekontamination (Entgiftung), die im psychologischen Bereich eine übertragene Anwendung finden. Zugleich hindert uns diese wachsame Sicht nicht daran, auch den Menschen hinter einer schädlichen Persönlichkeit zu sehen, der in aller Regel anderen nicht schaden will. Meist steht hinter toxischen Persönlichkeiten eine Geschichte, in der die Schutzmechanismen für das emotionale Überleben notwendig waren. Irgendwann entdecken toxische Persönlichkeiten aber, dass sie einen Nutzen von ihren Stacheln haben. Sie stumpfen ab, was ihr Einfühlungsvermögen, ihr Verantwortungsgefühl gegenüber anderen und ihr Gefühl für Fairness angeht. Nun führen sie unfaire und schädliche Verhaltensweisen fort, auch wenn sie nicht gerade um ihr emotionales Überleben kämpfen.

Wir haben schon bemerkt: Die Macht schwieriger Menschen beruht darauf, dass sie zwischenmenschliche Spielregeln brechen, während wir uns noch an die Regeln gebunden fühlen. Je schamloser das ein schwieriger Mensch tut, desto mehr Macht gewinnt er. Doch darin liegt auch eine Hoffnung. Wenn wir die unappetitliche Machtfrage aufgreifen und es uns gelingt, ein gutes Miteinander durchzusetzen, dann ist selbst mit potenziell schädlichen Menschen ein guter Weg möglich. Dafür gebe ich im Folgenden einige Beispiele.

Manchmal behalten toxische Menschen aber die Übermacht. In einer Paarbeziehung zum Beispiel kann man sich nicht an Dritte wenden und ist auf die Einsicht des anderen angewiesen. Manchmal sitzen toxische Persönlichkeiten auch in einer Machtposition, in der sie alle ausschalten können, die sie infrage stellen. Und schließlich gibt es manchmal in Firmen, Organisationen oder Familien zu viele, die ängstlich, zögerlich oder ignorant sind. Sie ergreifen die Möglichkeit nicht, eine toxische Persönlichkeit zu einem fairen Miteinander zu zwingen oder andernfalls zum Gehen zu bewegen. Dann kann man allein wenig tun. Man muss sein Heil in der Flucht suchen oder sich eine Nische suchen, in der man keine Berührungspunkte mit der toxischen Persönlichkeit hat.

Besonders schädliche Persönlichkeiten kombinieren zwei oder mehrere Stacheln. Wer nicht erkennt, was da abläuft, bleibt hilflos und verwirrt zurück. Man spürt zwar, dass man sich wehren sollte, ahnt aber auch die Risiken, die es hätte, wenn man einfach hart dagegenhält. Manche Vermeider zum Beispiel entdecken, dass andere sie in Ruhe lassen, sobald sie mit Wut reagieren. Vermeiden und Einschüchtern lassen sich so zu einem noch wirksameren Schutzmechanismus verbinden. Menschen diesen Typs habe ich Angstbeißer genannt. Auch andere Stacheln lassen sich wirkungsvoll kombinieren. Der Umgang mit Stachelkombinationen erfordert eine besondere Aufmerksamkeit und Flexibilität. Mit etwas Übung können Sie bemerken, wann ein schwieriger Mensch von einem Verhaltensmuster in ein anderes wechselt. Angstbeißer befinden sich meist im Modus eines friedlichen Vermeidungsverhaltens. Darauf kann man mit Strategien reagieren, die Vermeider unterstützen und herausfordern. Wenn der Druck dabei zu hoch wird, gehen Angstbeißer zu einschüchternden Verhaltensweisen über. Die kann man dann mit Strategien beantworten, die im Umgang mit Wutausbrüchen, Drohungen und Ähnlichem helfen. Wenn man zwei Strategien miteinander verbindet, kann man auch im Umgang mit kombinierten Typen gute Ergebnisse erzielen. Im Folgenden stelle ich Ihnen Kombinationen vor, die in der Praxis häufig vorkommen.

Angstbeißer

Der Altenpfleger Julian aus dem einführenden Beispiel lässt sich den Angstbeißern zuordnen. Seine Kollegen ersparen ihm viel Unangenehmes, um seiner Reizbarkeit zu entgehen. Um sein Vermeidungsverhalten hat er einen Verteidigungsring der Einschüchterung gebaut. Dadurch wird er in Ruhe gelassen und kann sich vor dem drücken, was ihm unangenehm ist oder ihn überfordern könnte. Andere Angstbeißer erklären unangenehme Themen für tabu und reagieren aggressiv, wenn jemand das Tabu bricht. Wieder andere klären ihre Mitmenschen schon beim Kennenlernen darüber auf, was diese auf keinen Fall von ihnen verlangen dürfen. Die Entschiedenheit, mit der sie das erklären, hat einen drohenden Unterton.

Wie geht man nun mit vermeidenden Menschen um, die aggressiv werden, wenn man ihr Vermeidungsverhalten infrage stellt? Entsprechend ihren zwei schwierigen Verhaltensmustern sind auch zwei Strategien zu kombinieren, die den Umgang mit Angstbeißern erleichtern. Gegen einschüchterndes Verhalten habe ich Ihnen deeskalierende Strategien empfohlen, die einer direkten Auseinandersetzung aus dem Weg gehen. Stattdessen gestehen sie einem bedrohlichen Menschen ein gewisses Maß an Dominanz zu und machen den eigenen Standpunkt in einer gelassenen, selbstsicheren Weise stark. Auch Angstbeißern sollte man das Gefühl geben, dass sie Kontrolle über die Situation haben und mitbestimmen können. Auch ihren Wutausbrüchen, ihren Grobheiten und Drohungen kann man ruhig und selbstbewusst standhalten. Sobald man einhaken kann, sind folgende Reaktion möglich:

- *Zeit lassen.* Wer einen anderen zu einer sofortigen Entscheidung oder einem augenblicklichen Zugeständnis drängt, bringt zusätzlichen Druck in die Situation. Wenn man dagegen seinen Standpunkt äußert und dem anderen dann Zeit lässt, entsteht ein Gefühl von Entscheidungsfreiheit.
- *Wahlmöglichkeiten lassen.* Selbst wenn man nur zwischen unangenehmen Alternativen wählen kann, fühlt sich die eigene Entscheidung besser an als der Zwang eines anderen: »Möchtest du lieber das Protokoll schreiben oder die Bewirtung organisieren?« wäre ein Beispiel für eine Formulierung, die den anderen in die Pflicht nimmt und doch Entscheidungsfreiheit lässt.
- *Respekt vor der Willensfreiheit zeigen.* Niemand kann einen Menschen zwingen. Jeder kann tun, was er möchte, allerdings muss jeder auch mit den Konsequenzen leben, die seine Entscheidung nach sich zieht. Julian könnte man das so klarmachen: »Jeder kann hier seine Rolle als Altenpfleger unterschiedlich verstehen und ausfüllen. Ich möchte die Art und Weise, wie du das tust, auch respektieren. Es darf aber nicht auf meine Kosten gehen. Und wenn ich diese Woche drei Zusatzaufgaben habe, während du keine hast, dann bin ich damit nicht zufrieden und werde das auch gegenüber der Stationsleitung vertreten.«

Bei diesen Strategien wendet man keinen unmittelbaren Druck auf Angstbeißer an und löst damit auch weniger aggressives Verhalten aus. Trotzdem entstehen Anreize, die Angst zu überwinden und sich der Verantwortung zu stellen. Hier fließt bereits eine zweite Strategie ein, die den Umgang mit Angstbeißern erleichtert. Auf Vermeidungsverhalten antwortet man am besten, indem man Anreize setzt – auf der Beziehungsebene und durch Konsequenzen. Dadurch lässt man die vermeidende Person nicht vom Haken. Wenn sich ein vermeidender Mensch nicht bewegt, muss er schrittweise mit Konsequenzen leben, die ihn entbehrlich machen. Diese Strategie hilft auch bei Angstbeißern.

Zwischen den zwei Stachel-Strategien können wir uns nun bewegen: Wenn sich eine Situation hochschaukelt, kann man ein wenig nachgeben und Angstbeißern ein Gefühl von Selbstbestimmung vermitteln. Sobald ein wenig Entspannung auftritt, kann man wieder Anreize setzen, die Angstbeißer den Preis ihres Vermeidungsverhaltens spüren lassen.

Im Stationsteam von Julian ist das in folgender Weise gelungen. Das Team hat regelmäßig Besprechungen, zu denen eine externe Supervisorin kommt. Dort können schwierige Fälle, aber auch schwierige Teamsituationen besprochen werden. Als Julian einmal gefehlt hat, haben sich die Kollegen Luft gemacht. Schließlich haben sie einen Kurs gefunden, den alle mittragen konnten. Man beschloss, einige Schwächen von Julian zu akzeptieren, zum Beispiel seine Bummelphasen zwischendurch und gereizte Reaktionen, wenn er unter Druck gerät. Gleichzeitig einigte man sich aber, dass Julian eine Zusatzaufgabe übernehmen soll und er in Anwesenheit der Heimbewohner seinen Gefühlen nicht freien Lauf lassen darf. Andernfalls würde man das Problem schließlich doch gegenüber der Pflegedienstleitung ansprechen und um eine Versetzung von Julian bitten. In der nächsten Teamsitzung vertrat der Stationsleiter diesen Kurs gegenüber Julian. Der verteidigte sein Verhalten zwar, aber es war ihm anzumerken, dass er nicht gegen eine Lösung kämpfen will, die so offensichtlich fair und angemessen ist. Julian übernahm die Zusatzaufgabe und verhielt sich in Stresssituationen beherrschter. Diese Erfahrung machte es den Kollegen leichter, Julians Eigenarten anzunehmen. Auch über seine Qualitäten können sie sich nun freuen und diese wertschätzen.

In diesem Fallbeispiel lässt sich auch zeigen, was ich nicht oft genug wiederholen kann: Es wurde zwar kommuniziert, die Lösung lag aber nicht in der Kommunikation. Sie lag in einer fairen Handhabung von Macht. Das Team hat eine positive Macht ausgeübt, weil es sich einig wurde, bestimmte Dinge nicht mehr zu dulden und andernfalls Konsequenzen zu ziehen. Ohne die Entschlossenheit, faire Machtmittel einzusetzen, gibt es mit schwierigen Menschen kein Happy End.

Bei Julian hat sich alles darum gedreht, in Ruhe gelassen zu werden. Doch auch der umgekehrte Fall kann uns auf die Nerven gehen, wenn wir nämlich auf schamlose Weise bedrängt werden.

Selbstbediener

Manche Menschen rauben Energie und überschreiten Grenzen. Wie Energieräuber brauchen sie andere, die ihre Bedürfnisse stillen, ihre Probleme lösen oder ihre Sorgen beruhigen. Doch was soll man tun, wenn Hilfe suchende Signale nicht beantwortet werden? Dann kann man sich selbst nehmen, was der andere nicht von sich aus gibt. So sichern Grenzüberschreitungen, dass andere auch für einen da sind. Während Grenzüberschreiter auch ihrerseits großzügig sind, nehmen Selbstbediener ohne Gegenleistung. Sie treten auf, als hätten sie einen Anspruch auf Unterstützung. Sie fordern, klagen und verhandeln hart. Sie setzen am Gewissen an, wenn andere sozial eingestellt sind. Die unausgesprochene Logik lautet: »Meine Not verpflichtet dich zu Hilfe.« Oder: »Meine Not ist so viel größer als das, was in deinem Leben gerade anliegt.« Sobald sie eine Unterstützung erfahren haben, leiten Selbstbediener daraus ein Gewohnheitsrecht ab.

Der Umgang mit Selbstbedienern erfordert sowohl eine Antwort auf die kindlichen Bedürfnisse als auch eine Antwort auf die Grenzüberschreitungen. Die kindlichen Bedürfnisse beantwortet man am besten mit einer Hilfsbereitschaft, die ein realistisches Maß findet und ihre Grenzen rechtzeitig und taktvoll vermittelt. Gegen die Grenzüberschreitungen gibt es bei Selbstbedienern ein sehr wirksames Mittel, das sich in folgender Botschaft ausdrücken lässt: »Nur wenn du meine Grenzen akzeptierst, kann ich dir etwas geben. Wenn du meine Grenzen verletzt, muss ich meine Zuwendung einschränken.« Oft ist es Selbstbedienern gar nicht klar, wie aggressiv und fordernd ihre Wünsche sind. Das kann man ihnen mitteilen und mit dem Anreiz verbinden, dass man viel lieber gibt, wenn es aus einem Gefühl der Freiwilligkeit geschieht.

In folgendem Beispiel gelang eine begrenzte Hilfsbereitschaft:

Günter ist Steuerberater und gehört der gleichen Kirchengemeinde wie Kevin an. Der junge Mann hat Günter um Hilfe gebeten, weil er sich mit einem PC-Laden selbstständig machen will. »Komm doch mal einen Abend vorbei«, hat ihn Günter ermuntert. »Ich habe viele selbstständige Mandanten, ich kann dir gerne sagen, was du steuerlich beachten musst.« Der Abend wurde allerdings lang, weil Kevin viele Fragen hatte. Sie gingen weit über Steuerliches hinaus. In den Tagen danach rief Kevin immer wieder an oder schickte eine E-Mail. Wenn Günter eine E-Mail erst nach drei Tagen beantwortete, erhielt er einen Kommentar wie: »Ich dachte schon, du lässt mich hängen.« Günter fühlte sich immer unwohler in seiner Haut. Allmählich wurde auch seine Frau wütend, weil die Anrufe die familiären Abläufe durcheinanderbrachten und auch die Stimmung zu Hause veränderten.

Günter musste sich erst mit seiner Frau und einigen Freunden besprechen, bis er eine naheliegende Lösung fand: »Ich bin Steuerberater, in dieser Frage kann ich Kevin beraten. Dazu reicht es aber, wenn wir alle paar Wochen miteinander telefonieren. Für die anderen Belange muss sich Kevin jemand anderen suchen.« Der schien mit der neuen Regelung einverstanden, rief aber trotzdem noch häufig an. Günter pochte das Herz, als er sich endlich zu einer klaren Ansage durchgerungen hatte: »Kevin, das telefonische Coaching für alle möglichen Fragen kann und will ich nicht mehr leisten. Wir hatten das ja besprochen. Ich brauche abends auch Zeit, um mich zu erholen. Und ich fühle mich bei Fragen, die über die Steuer hinausgehen, auch nicht sicher. Bitte akzeptiere das. Wenn das nicht geht, musst du dir auch für die Steuerfragen jemand anders suchen.« Das half. Einige Wochen war das Verhältnis etwas angespannt, Kevin hielt sich aber an die Regeln und wirkte in den Begegnungen irgendwie erwachsener. Geben und Nehmen glichen sich zwar nicht aus. Doch Günter half ja gerne, solange es im Rahmen seiner Möglichkeiten blieb.

Verführer

Einem Frauentyp hat die Literatur viele Denkmäler gesetzt: verführerischen Wesen, deren Nähe so wunderbar ist, dass Männer alles für sie hingeben. Von einem dieser Wesen erzählt Truman Capotes Roman »Frühstück bei Tiffany«. Die schöne, exzentrische Holly Golightly lässt sich von Verehrern der New Yorker Oberschicht aushalten, ohne ihnen das Geringste zurückzugeben. In Heinrich Manns »Professor Unrat« ist es die Animierdame Rosa Fröhlich, der ein älterer Gymnasiallehrer seinen Ruf, sein Geld und schließlich seine Existenz opfert. In Dostojewskis »Spieler« verkörpert die vergnügungssüchtige Mademoiselle Blanche diesen Frauentyp. Sie bringt Männer um ihre Ehre und ihr Geld.

In ihrer Bedürftigkeit verschlingen Verführerinnen, was Männer ihnen schenken. Sie fesseln diese allein mit dem Zauber, der von ihrer verführerischen Selbstinszenierung ausgeht. Das Glück und die erotische Erfüllung, die sie versprechen, lösen sie freilich nicht ein. Wenn Energieräuber blenden, schenken ihnen andere freiwillig, was sie brauchen, ja sie drängen es ihnen geradezu auf. Eine Entdeckung, die für manche Energieräuber zum Schicksal wird.

Natürlich gibt es auch männliche Verführer. Es sind gepflegte, propere Männer mit Charme und besten Umgangsformen. Im Gespräch mit ihnen lege ich als Therapeut die Stirn in Sorgenfalten, der Mann in mir glüht vor Neid. Männliche Verführer verkörpern, wovon Frauen träumen. Frauen verschenken sich und empfangen dafür eine kurze Illusion. Verführer nähren sich von dieser aufregenden Hingabe. Frauen brechen für sie aus ihren Ehen aus. Sie bringen riskante Liebesbeweise.

Mit kaum etwas kann man Menschen besser verführen als mit erotischem Blendwerk. Nur Geld und Erfolg kommen dem noch gleich. Als junger Therapeut arbeitete ich einmal mit einer älteren Dame, die einige Häuser geerbt hatte. Ihre Gedanken kreisten um ihren Reichtum. Bald entwickelte ich die Fantasie, als Erbe eingesetzt oder zumindest mit einer großzügigen Schenkung bedacht zu werden. Obwohl ich um den Irrwitz dieser Fantasie wusste, drängte sie sich mir immer wieder auf. Andere Menschen im Umfeld der Dame entwickelten eine ähnliche Gier. Sie gewann dadurch Aufmerksamkeit, Zuwendung und Hilfsbereitschaft, die sie auf anderen Wegen nicht zu finden meinte. Weil die Therapie in einer Klinik stattfand, endete sie nach wenigen Wochen. Ich wurde nicht als Erbe eingesetzt und erhielt auch keine Schenkung.

Im Gegenteil – ich ging völlig leer aus. Viele Patienten beschenken mich am Ende einer Therapie mit Worten der Wertschätzung, einer Karte oder einer Süßigkeit. Meine reiche Patientin dagegen zog weiter, als hätte sie nie etwas empfangen.

Wer Einfluss in Geschäftskreisen oder einem Unternehmen hat, kann auch mit Erfolg blenden und Menschen gefügig machen. Im spirituellen Bereich bieten Gurus einen exklusiven Zugang zu Gott, für den Menschen ihre Zeit, ihr Geld und ihre persönliche Hingabe schenken. Hinter dem Charisma und den Versprechungen von Verführern verbergen sich bedürftige Kinder. Weil sich auf dem Weg der Verführung ihre Grundbedürfnisse nicht stillen lassen, bleiben sie unersättlich.

Wenn Sie auf einen Verführer treffen, sind Sie sowohl von ihrem Blenden herausgefordert als auch von ihrer kindlichen Bedürftigkeit. Die größte Herausforderung besteht im Umgang mit der Verführung, denn sie spielt mit unseren stärksten Trieben. Aber auch hier gilt es, die unglaubliche Inszenierung zu durchschauen, die zu schön ist, um wahr zu sein. Glauben Sie einem erfahrenen Psychotherapeuten: Erotische Verführer lösen nie ein, was ihre aufregenden Signale versprechen. Sie sind sexuell wenig erlebnisfähig, sodass die Sexualität in ihren Beziehungen oft schnell zum Erliegen kommt. Ihre innere Leere macht es ihnen außerdem schwer, sich anderen warmherzig und aufmerksam zuzuwenden. Sie fühlen sich nur lebendig, wenn sie ein hohes Maß an Reizen finden. Andere ermüdet ihre ständige Suche nach Stimulation.

Verführer, die mit Geld, Gütern, Erfolgschancen und Macht locken, tun das mit kühler Berechnung. Sie werden am Ende immer das bessere Geschäft machen und Sie benutzt zurücklassen. Echte Mentoren locken nicht mit verführerischen Aussichten, sie halten sich zurück, bis mit der Zeit ein ausreichendes Maß an Vertrauen und Gemeinsamkeit entstehen.

Die Verführung ist jedoch manchmal so stark, dass sich Betroffene selbst dann nicht schützen, wenn sie diese durchschauen. Sie beteuern dann hinterher: »Ich wusste, es ist dumm, ihm Geld anzuvertrauen.« Oder: »Ich wusste, sie wird mich wieder fallen lassen. Danach habe ich monatelang gelitten.« Wer von sich eine Schwäche gegenüber Verführung kennt, sollte sich im Ernstfall jemandem anvertrauen und sich von Freunden helfen lassen, um keine unklugen Entscheidungen zu treffen.

Was es für den Umgang mit Verführern braucht, ist in den Kapiteln über Blender und Energieräuber beschrieben. Betroffene akzeptieren, dass Blender wenig zu geben haben, und motivieren sie, zumindest einen gewissen Beitrag zu bringen. Sie schenken Energieräubern eine begrenzte Zuwendung. Wer zu Verführern eine freundlich-distanzierte Beziehung führt, den bezaubern sie bald nicht mehr. Der Zauber der Verführung ist gebrochen, stattdessen sieht man die Probleme und Bedürfnisse, die dahinterliegen. Wenn man die Möglichkeit hat, kann man hier vielleicht ein wenig unterstützen.

Unfehlbare

Abwerter stellen sich auf einen Sockel und sehen auf andere herab. Blender stellen sich besser dar, als sie sind. Diese beiden Verhaltensweisen lassen sich gut kombinieren, dann haben wir es mit Unfehlbaren zu tun. Sie vermitteln uns unsere Beschränktheit, gleichzeitig enttäuschen sie, wenn sich ihre unglaubliche Kompetenz als mittelmäßig oder sogar mangelhaft herausstellt.

Wenn ein Professor brilliert, verzeihen wir ihm ein wenig Arroganz. Wenn ein arroganter Professor aber langatmige Vorlesungen hält und abwegige Ideen verfolgt, weckt das Zorn. Ein Handwerker darf über unsere Reparaturversuche lächeln, wenn es ihm anschließend besser gelingt. Wenn er aber wissend auftritt und lange braucht, um den Fehler zu finden, empört das.

Unfehlbare bringen andere Menschen dazu, ihre Abwertungen zu tolerieren und sich auf ihr Expertentum zu verlassen. Blendung und Selbsttäuschung gehen hier eine unheilvolle Allianz ein, die Betroffene erst wehrlos und später maßlos wütend macht. Im Extremfall machen es sich Betroffene dann zur Mission, einen Unfehlbaren zu vernichten. Persönliche Fehden im Wissenschaftsbetrieb, in der Politik und im Kulturbetrieb haben oft diese Dynamik. Hier findet ein Unfehlbarer seinen persönlichen Feind, der ihn vernichten will. Mit Selbstironie hat dies der Schriftsteller Martin Walser in seinem Roman »Tod eines Kritikers« dargestellt.

So weit muss es nicht kommen. Menschen mit der Aura der Unfehlbarkeit sind oft besonders fehlbar. Deshalb darf man nicht zu viel von ihnen erwarten. Auch die Abwertungen scheinbar Unfehlbarer muss man nicht hinnehmen, wie folgendes Beispiel zeigt:

Felix' Mutter hat ihre Stelle als Dozentin an einer Universität bekommen, als es noch unbefristete Stellen gab und weil sie Beziehungen zum Lehrstuhl hatte. Seit Felix klein war, hatte das Wort »Universität« einen Klang, als würden dort nur höhere Wesen ein und aus gehen. Was Bildung, den Lebensstil und auch Zwischenmenschliches angeht, war Felix' Mutter eine unangefochtene Autorität in der Familie. Im Erwachsenenalter fielen Felix allerdings immer mehr Mängel seiner Mutter auf. Sie hat am Lehrstuhl und im Bekanntenkreis viele Konflikte. Sie hat schon eine Reihe unkluger Entscheidung getroffen. Heute macht es Felix wütend, wenn seine Mutter zu Hause doziert und ihm ein Gefühl von Unwissenheit gibt. Aus seinem Frust hat Felix zwei Konsequenzen gezogen. Er erwartet von seiner Mutter nicht mehr, dass ihre Entscheidungen klüger und ihre Fähigkeiten besser sind als die anderer Menschen. Er sucht jetzt lieber Rat bei anderen Menschen, die ihre Fähigkeiten realistischer einschätzen können. Felix hat auch begonnen, sich zu wehren, wenn seine Mutter in überlegener Weise in sein Leben hineinredet: »Was gibt dir das Recht, meine Entscheidungen als unklug hinzustellen? Weißt du wirklich besser als ich, wer in meine WG passt?« Eine Weile hat Felix' Mutter gebraucht, um sich umzustellen. Inzwischen hält sie sich mit ihren abwertenden Bemerkungen zurück. Umgekehrt kann Felix die Schwächen seiner Mutter besser annehmen und wertschätzen, was sie geben kann – keine unfehlbaren Urteile, keine überlegene Lebensart, aber doch die engagierte Zuwendung einer Mutter.

Kontrollettis

Manche Menschen sind entspannter, wenn sie Kontrolle über ihr Leben haben. Dazu kombinieren sie zwei schwierige Verhaltensweisen. Vermeidung sichert die Kontrolle über das, was man tut oder lässt, Grenzüberschreitung kontrolliert, was andere tun oder geschehen lassen. Die Kombination von Vermeidung und Grenzüberschreitung macht daher vom Wunsch und Willen anderer unabhängig, jedenfalls solange andere dies zulassen.

Manche Kontrollettis versuchen alle Lebensbereiche zu beherrschen. Die meisten beschränken ihre Kontrolle allerdings auf einen bestimmten Bereich, der ihnen besonders wichtig ist.

- *Nähe und Abstand.* Hier bestimmen Kontrollettis, wann in einer Beziehung Nähe entsteht und wann nicht. In Freundschaften, in Partnerschaften, aber auch unter Kollegen weisen sie andere oft zurück, wenn diese Zeit mit ihnen verbringen oder über persönliche Dinge sprechen wollen. Wenn ihnen danach ist, stellen sie Nähe her und übergehen sogar das Zögern des andern, der vielleicht noch mit der letzten Zurückweisung beschäftigt ist. Betroffene leiden unter diesen Wechselbädern. Irgendwann macht es sie auch zornig, sich so einseitig nach den Wünschen des Kontrolletti richten zu müssen. Irgendwann beobachten sie irritiert: Je willenloser sie sich den Wünschen eines Kontrolletti überlassen, desto mehr Nähe ist möglich. Je mehr sie die Beziehung mitgestalten wollen, desto mehr Konflikte und Distanz sind die Folge.
- *Gesprächsthemen.* Kontrollettis erklären manche Themen zum Tabu. Sie weichen ihnen aus, sie verlangen, darüber nicht sprechen zu müssen. Das tun Vermeider auch. Wenn Kontrollettis allerdings selbst an einem Thema interessiert sind, bohren sie nach, stellen neugierige Fragen und beharren, bis ein Gespräch zustande kommt. Kommunikative Tabus sind unangenehm, kommunikatives Bedrängtwerden auch, doch die Kombination aus beidem weckt ohnmächtige Wut.
- *Aufgaben und Alltagsgestaltung.* Vermeider schränken die Zusammenarbeit oder das Zusammenleben ein, indem sie sich allem verweigern, was ihnen nicht behagt. Grenzverletzer dominieren, indem sie anderen ihre Wünsche aufzwingen. Die Kombination von beidem fühlt sich wie eine Tyrannei an, die das Leben oder Arbeitsabläufe ganz unter ihre Kontrolle bringt.

Kontrollettis gehören damit vielleicht zu den schwierigsten Menschen. Der Umgang mit ihnen erfordert ein enormes Maß an Ausdauer, Konfliktfähigkeit und Toleranz für zwischenmenschliche Spannungen. Betroffene müssen auf kluge Weise einen Druck aufbauen, der die Kontrolle unattraktiv macht und dadurch lockert. Sowohl für vermeidendes als auch für grenzverletzendes Verhalten braucht es Konsequenzen, wie sie in den entsprechenden Kapiteln zu finden sind. Ein wenig Dominanz wird von Kontrollettis allerdings immer ausgehen. Aber wer ihnen in wichtigen Bereichen Kompromisse abringt, kann mit etwas Fremdbestimmung vielleicht leben.

Wenn Leas Freundin ein Mann wäre, hätte sie eine On-off-Beziehung mit ihr. Imke ist Leas beste Freundin. Sie hat schon mit Liebeskummer in ihren Armen gelegen und sich trösten lassen. Sie haben schon bis tief in die Nacht geredet. Imke hat sich schon die tollsten Geschenke für Lea einfallen lassen. Dann aber meldet sich Imke eine ganze Weile nicht. Lea simst: »Was ist los?« Imke antwortet: »Nichts. Bin busy.« Vermutlich hat Imke irgendetwas gestört und sie braucht ihre Ruhe. Vielleicht ist aber auch wirklich nichts und sie konzentriert ihre Kräfte gerade woanders. Einige Wochen später klingelt sie und hat eine Pizza dabei. Lea will eigentlich lernen, aber Imke beharrt: »Komm, eine Stunde, dann ist der Kopf wieder frei.« Umgekehrt hat Imke Lea schon vor der Tür stehen lassen, mit herzlichen Entschuldigungen, aber mit der entschiedenen Haltung, dass ihre Prüfung vorgeht.
Wegen dieser Wechselbäder hat Lea einmal die Beziehung abgebrochen, Imke hat ein halbes Jahr lang Grüße ausrichten lassen und Kärtchen geschickt, bis der Kontakt wieder entstand.
Lea ließ sich beraten und entwickelte einen 4-Punkte-Plan. Erstens nahm sie sich zwei Wochen Zeit, um ihre Gedanken zu ordnen und etwas inneren Abstand zu finden. Zweitens suchte sie das Gespräch. Sie offenbarte ihr Unbehagen, dass sie so wenig über den Kontakt bestimmen kann und Imke so viel. Drittens legte Lea ein Minimum an Kontakt fest, das für sie zu einer engen Freundschaft gehört: einmal pro Woche und wenn es nur ein kurzes Telefonat ist. Würde Imke nicht dazu bereit sein, würde Lea die Beziehung beenden und später vielleicht auf einer lockeren Ebene weiterführen.
Viertens nahm sich Lea vor, selbst Nein zu sagen, wenn Imke zu einer ungünstigen Zeit anrief oder vorbeikam. Bisher hatte sie immer Angst, Imke würde sich dann lange zurückziehen. Aber

gegenüber dieser Sorge hat Lea mit Punkt 3 eine Vorsorge getroffen.
Der Plan ging schließlich auf. »Klar«, sagte Imke. »Sag mir einfach, was du brauchst, um dich wohlzufühlen.« Offenbar war Imke nicht bewusst, wie stark sie die Beziehung kontrolliert hatte. Durch die klaren Rahmenbedingungen entstand eine Freundschaft, mit der Lea gut leben konnte. Allerdings musste Lea Imke an diese Absprache gelegentlich erinnern.

Stachelkombinationen erkennen

An Selbstbedienern, Verführern, Unfehlbaren und Kontrollettis haben Sie gesehen, wie sich Stacheln wirkungsvoll kombinieren. Doch auch hier können Sie die anfängliche Verwirrung überwinden und zum Durchblick finden. Sie können von der Hilflosigkeit zu wirkungsvollen Strategien kommen, die an den jeweiligen Stacheln ansetzen. Dabei können sich auch drei Grundmuster kombinieren. Wenn beispielsweise ein Selbstbediener (Energieräuber und Grenzüberschreiter) auch noch einschüchternde Verhaltensweisen einsetzt, könnte man ihn als Freibeuter bezeichnen. Er lebt auf Kosten anderer, überschreitet Grenzen, setzt aber vor allem auf die Angst seiner Opfer. Damit haben wir es mit einer Form ausbeuterischer Menschen zu tun, wie es sie häufig in Milieus gibt, die sich am Rande der Legalität bewegen. Aber auch unter tyrannischen Familienoberhäuptern und toxischen Liebespartnern lassen sich Freibeuter finden. Entsprechend den drei Stacheln sind hier drei Strategien gegen das Energierauben, das Grenzenüberschreiten und die Einschüchterung einzusetzen. Je nachdem, mit welchem Verhalten man gerade konfrontiert ist, setzt man die entsprechende Strategie ein. Weil manchmal in einem Gespräch oder einer Begegnung alle Stacheln aktiv werden können, braucht es viel Geistesgegenwart und Beweglichkeit. Auf Dauer überfordert das wohl jeden. Doch auch wenn man den Schaden begrenzen kann, bis man sich aus einer schädlichen Beziehung gelöst hat, kann das sehr hilfreich sein.

Wollen Sie in der Stachel-Diagnostik noch ein wenig üben? Dann abonnieren Sie den Stachel-Newsletter (www.stacheln.com/newsletter). Sie erhalten mit dem ersten Newsletter Zugang zum Downloadbereich und finden dort ein Arbeitsblatt mit Menschenformern,

Nutznießern, Dauerrednern, Ermittlern und Verstummenden. Welche Stacheln sich hier wohl kombinieren?

Teil II

Meine Stacheln

Mit dem ersten Teil des Buches wollte ich zeigen: Menschenfreundlichkeit schließt ein ehrliches Hinsehen nicht aus. Im Gegenteil: Wir brauchen einen realistischen Blick auf die Schwächen anderer, damit unsere Menschenfreundlichkeit nicht scheitert. Verstehen und Grenzen setzen, sich einfühlen und konfrontieren, unterstützen und faires Verhalten einfordern finden zusammen, wenn wir mit Stachligen Persönlichkeiten zurechtkommen. Vielleicht neigen Sie von Natur aus zu Verständnis und Entgegenkommen. Dann sind Sie vermutlich etwas zu gut für diese Welt. Sie beginnen dann, sich auch selbst ernst zu nehmen. Sie entdecken einen gerechten Zorn und lernen, auch einmal Ihre Macht zu ergreifen, wenn es nicht anders geht.

Vielleicht neigen Sie eher zu kritischer Distanz oder kämpferischer Selbstbehauptung. Sie haben möglicherweise von anderen viel erlitten und wollen sich nicht mehr schlecht behandeln lassen. Dann stehen Sie vor einer anderen Herausforderung: Auch denen Einfühlung, Verständnis und Unterstützung zu geben, die es nicht verdienen. Dadurch lassen sich manche Kämpfe vermeiden, in denen es nur Verlierer gäbe. Außerdem gründet eine wirksame Selbstbehauptung oft darin, dass wir Rückhalt bei anderen finden und einen schwierigen Menschen so behandeln, dass wir nicht seine dunkelsten Seiten heraufbeschwören. Nicht umsonst spricht man von einer entwaffnenden Freundlichkeit. Dass diese nicht naiv sein muss, haben Sie im ersten Teil des Buches entdeckt.

Im zweiten Teil wechseln wir nun die Perspektive. Nun geht es um unsere eigenen Stacheln. Weil ich viel mit sozial eingestellten Menschen zu tun habe, begegne ich dem Bedürfnis, nicht nur auf die Schwächen anderer zu schauen: »Ich finde mich selbst wieder in den

Typen.« – »Ich habe selbst überreagiert. Wäre es nicht einfacher, wenn ich gelassener bleiben könnte?«

Tatsächlich sind wir barmherziger mit schwierigen Zeitgenossen, wenn wir selbst einmal den Schmerz gespürt haben, dass wir andere mit unseren Reaktionen verletzen oder enttäuschen. Wir erleben dann auch, wie schwer es ist, die eigenen Schutzmechanismen zu überwinden, selbst wenn wir unsere Schwächen kennen. Schwierige Menschen sind außerdem leicht aus dem Gleichgewicht zu bringen. Deshalb können auch kleine Überreaktionen auf unserer Seite, zum Beispiel eine überkritische Bemerkung oder eine kleine Vergeltung, eine Situation zuspitzen.

Niemand möchte allerdings in einer ständigen Wachsamkeit leben, nur ja nichts falsch zu machen. Zum Glück muss man das auch nicht. Man kann ein Gespür entwickeln, wann Situationen gefährlich werden oder bei welchen Menschen man grundsätzlich vorsichtig sein soll. Das ist nicht angenehm und es kostet Kraft, jedoch viel weniger, als wenn wir den Schwächen eines schwierigen Menschen ins Messer laufen. In anderen Situationen und mit anderen Menschen kann man dagegen unbeschwert sein. Hier tanken wir auf. Hier können wir uns entspannen.

Unsere eigenen Stacheln zu kennen, hat also viele Vorteile. Es schützt uns, wenn wir den Umgang mit schwierigen Menschen nicht noch durch eigene Überreaktionen belasten. Wir verstehen, warum es auch bei Menschen, die wir lieben und schätzen, zu Konflikten kommt, wenn wir unsere Schwächen kennen. Hier können wir uns korrigieren und eine Spannung entschärfen. Schließlich führen uns unsere Stacheln zu spannenden Lebensthemen, die hinter unseren Schutzmechanismen liegen. Hier liegt ein großes Potenzial für unsere persönliche Entwicklung und vielleicht auch für die Entwicklung unseres Glaubens.

Grenzen überschreiten

Haben Sie manchmal das Bedürfnis, andere zu erziehen? Haben Sie andere schon vereinnahmt? Haben Sie schon Aufgaben verteilt, ohne die Zustimmung Ihres Gegenübers abzuwarten? Oder haben Sie eine andere Person schon einmal gedrängt, sich zu öffnen? Dann könnten Grenzüberschreitungen Ihr Stachel sein.

Natürlich dürfen wir einander beeinflussen. Wir sprechen Bitten und Wünsche aus, wir argumentieren oder werben für eine bestimmte

Sichtweise. Wir warnen, geben Empfehlungen oder sprechen ein kritisches Wort aus. Das alles wird als fair empfunden, wenn wir anderen dabei ihre Freiheit lassen. Grenzüberschreitungen gehen einen Schritt weiter. Sie bestimmen über andere. Das zeigen folgende Beispiele:

Erziehen. »Sag doch auch mal was. Du bist immer so still.« Frauke nickt ihrer stillen Freundin aufmunternd zu. Die errötet, besonders weil noch andere am Tisch sitzen. Aber immerhin beteiligt sie sich daraufhin mit ein paar Sätzen am Gespräch.

Kontrollieren. »Wo willst du hin?« Thomas tritt seinem Kollegen Jens in den Weg, der überrascht stehen bleibt: »Zum Kopierer, wo ist das Problem?«
»Wir haben doch jetzt das Meeting«, wendet Thomas ein.
Jens windet sich: »Ja, aber ich bin doch längst in einem neuen Projekt. Das betrifft mich nicht mehr.«
Doch Thomas bleibt hartnäckig. »Schon, aber wir haben das doch zusammen auf die Beine gestellt. Jetzt brauchen wir dein Know-how noch mal.« Thomas fasst Jens am Oberarm. »Komm, wenigstens die erste halbe Stunde. Ich mache dir auch einen guten Kaffee.«

Stoppsignale übergehen. Lisa ist verletzt. Sie erforscht Nikolais Gedanken und Gefühle: »Warum sagst du so etwas? Denkst du so über mich? Bist du dann überhaupt ehrlich, wenn du mir Komplimente machst?« Immer tiefer bohrt sich Lisa in Nikolais Gewissen. Der wird immer hilfloser. Er schlägt vor: »Lisa, beruhige dich, lass uns morgen noch einmal darüber reden. Ich verstehe gar nicht mehr, was eigentlich los ist.« Aber Lisa möchte es gleich klären. Sie redet noch lange mit Nikolai. Er verstummt irgendwann.

Erkennen Sie sich selbst

Was geschieht mit anderen, wenn ich ihre Grenzen überschreite? Eine stille Freundin wird sich vielleicht zum Reden bringen lassen, dies aber nur als Ausweg aus einer peinlichen Situation sehen. Sie wird sich künftig vielleicht mit ein paar Sätzen am Gespräch beteiligen. Denn sie hat gelernt, dass sie sich auf diese Weise einer Ermahnung entzieht. Doch wie alle Stacheln erreichen Grenzüberschreitungen ihr Gegenteil. Das Erziehen hat die Freundin nicht zu mehr Offenheit ermuntert, es hat ihre Scheu und Vorsicht nur verstärkt.

Wenn Betroffene offen sagen, wie es ihnen mit Grenzüberschreitungen geht, dann sagen sie Sätze wie die folgenden:

- »Ich habe mich total überrumpelt gefühlt. Ich hatte gar keine Gelegenheit, mir zu überlegen, ob ich das will oder nicht.«
- »Ich habe mich entmündigt gefühlt. Sie mag ja recht haben mit dem, was sie sagt. Trotzdem hat sie nicht das Recht, über mich zu bestimmen.«
- »Er ist so dominant. Irgendwie bekommt er es immer hin, dass ich etwas für ihn tue und meine eigenen Sachen zurückstelle.«

Wenn man Grenzüberschreitungen verstehen will, geht man am besten in die Kindheit zurück. Sie wurzeln meist in einem starken Verantwortungsgefühl, einem Mangelgefühl oder einer Erfahrung der Missachtung.

Ein starkes Verantwortungsgefühl. Manche Menschen haben schon als Kind gelernt, sich für andere verantwortlich zu fühlen. Ihnen wurde als ältestes Geschwister zu viel Verantwortung aufgeladen oder sie sind in die Bresche gesprungen, als es einem Elternteil seelisch oder körperlich schlecht ging. Heute platzen sie fast, wenn andere ihre Verantwortung nicht wahrnehmen. Was soll man anderes tun, als solche Menschen dann zu belehren, zu drängen, zu erziehen und zu kontrollieren?

Ein Mangelgefühl. Andere haben in ihrer Kindheit unter einem emotionalen Mangel gelitten. Ihnen haben das Verständnis und die Einfühlung ihrer Eltern gefehlt. Sie hätten sich mehr Zeichen der Liebe gewünscht. Sie hätten mehr Schutz und Anleitung gebraucht, um mit den Anforderungen des Lebens zurechtzukommen. Wer als Kind solche Erfahrungen macht, kann auch als Erwachsener starke Mangelgefühle erleben. Die stellen sich besonders dann ein, wenn andere schlecht zuhören, unaufmerksam sind oder es an Hilfsbereitschaft fehlen lassen. Dann brechen alte Gefühle von Enttäuschung, Einsamkeit oder Schmerz hervor. Damit kann man unterschiedlich umgehen. Grenzüberschreitungen sind eine naheliegende Möglichkeit:

- den anderen mit dem konfrontieren, was fehlt, bis er nachgibt;
- erzieherische oder therapeutische Tipps geben, die den andern aufmerksamer und hilfsbereiter machen;
- bestimmen, was jetzt passieren muss.

Solche Verhaltensweisen zwingen den andern, die Zuwendung und Unterstützung zu geben, die fehlt.

Die Erfahrung von Missachtung. Es gibt noch einen dritten Grund, der Menschen zu Grenzüberschreitungen verleitet. Manche haben in ihrer Kindheit erlebt, dass ihre Rechte missachtet wurden. Sie waren in ihren Familien Wutausbrüchen, Manipulation oder Grenzüberschreitungen ausgesetzt. Oder sie haben außerhalb der Familie Ausgrenzung, Mobbing oder Ungerechtigkeit erlitten. Leben bedeutet für sie, um das eigene Recht kämpfen müssen. Dieser Kampf setzt sich auch im Erwachsenenalter fort, selbst wenn Menschen dann in einem Umfeld leben, in dem es einigermaßen fair zugeht. Gewohnheitsmäßig kämpfen sie um ihre Rechte und um ihren Anteil, wenn es etwas zu verteilen gibt. Auch dabei kommt es zu Grenzüberschreitungen.

Wer auf die eigenen Grenzüberschreitung aufmerksam wird, kann sich korrigieren. Man stoppt sich, bevor man dem andern seine Freiheit nimmt:

- einladen, aber nicht drängen;
- sagen, wie man sich fühlt und was man braucht, den anderen aber nicht zu einem besseren Verhalten erziehen;
- Argumente nennen, zur Not aber akzeptieren, wenn der andere nicht will.

Doch das ist schwer, wenn eine Situation doch so enttäuschend und frustrierend ist. Etwas leichter wird es, wenn man wahrnimmt, wo der eigene wunde Punkt liegt und wie man sich besser schützen kann.

So überwinden Sie Ihren Stachel

Lernen Sie, Menschen zu gewinnen. Grenzüberschreitungen entspringen meist dem Gefühl, keinen Einfluss zu haben. Je ohnmächtiger wir uns fühlen, desto wahrscheinlicher wird es, dass wir zu weit gehen. Deshalb ist es wichtig, die eigenen Einflussmöglichkeiten zu kennen und auch wahrzunehmen. Denn in guten Beziehungen üben Menschen Einfluss aufeinander aus, ohne einander ihre Freiheit zu nehmen. Dabei spielen vor allem zwei Einflüsse eine Rolle: eine starke Bindung und das Prinzip der Gegenseitigkeit.

Eine starke Bindung. Eine Mutter tut alles für ihr Kind. Wenn es sein muss, steht sie für ihr Baby mitten in der Nacht auf. Später schränkt sie ihre Freizeit auf ein Minimum ein, um mit ihrem Kind zum Turnen zu gehen, ihm vorzulesen oder Zeit auf dem Spielplatz zu verbringen. Was motiviert eine Mutter zu diesem grenzenlosen Einsatz? Ihre starke Bindung an ihr Baby. Auch in Beziehungen unter Erwachsenen entstehen Bindungen: zwischen Freunden und mit der Zeit auch zwischen Nachbarn und Kollegen. Je tiefer die Bindung wird, desto mehr setzt man sich füreinander ein.

Folgende Erfahrungen lassen eine emotionale Bindung entstehen und vertiefen sie im Laufe der Zeit:

- Körperkontakt – ein aufmerksamer Blickkontakt, ein warmer Handschlag, ein Schulterklopfen, eine Umarmung bei der Begrüßung, beiläufige Berührungen im Gespräch, Schulter an Schulter sitzen. Natürlich bestimmt dabei auch die Situation, ob und in welcher Weise Körperkontakt als angenehm erlebt wird.
- Eingehen auf Bindungsbedürfnisse – Trost spenden, wenn einer traurig ist; aufmerksam zuhören, wenn ein anderer etwas mitteilen möchte; Lob, Anerkennung, Bestätigung aussprechen; in Schutz nehmen; zu angenehmen Ablenkungen einladen; Rat und Anleitung schenken.

Der Aufbau einer guten Bindung erfordert also einerseits Aufmerksamkeit und Einsatzbereitschaft. Andererseits braucht es auch den Mut, selbst Bindungsbedürfnisse zu zeigen: ein Bedürfnis nach Kontakt und Anschluss, nach Aufmerksamkeit, Ermutigung, Trost und Unterstützung. Bei den meisten Menschen führt das mit der Zeit zu einer Bindung, in der auch die Sympathie und das Engagement füreinander zunehmen.

Bei einzelnen Menschen werden Sie jedoch feststellen, dass diese nicht bindungsbereit sind. Vielleicht sind sie gerade nicht offen für andere, weil sie mit sich selbst beschäftigt oder überlastet sind. Wenn ein gutes Bindungsverhalten keine Zuwendung weckt, müsste man Mittel einsetzen, die den anderen zwingen. Besser akzeptiert man dann, dass manche Menschen nicht das geben können, was man von ihnen braucht. Das geht natürlich leichter, wenn man andere hat, von denen man sich geliebt, verstanden, wahrgenommen und unterstützt fühlt.

Gegenseitigkeit. »Wie du mir, so ich dir« fasst ein Sprichwort ein sozialpsychologisches Forschungsgebiet zusammen, das des sozialen Austausches. Noch früher hat es Jesus der christlichen Überlieferung eingeprägt: »Alles nun, was ihr wollt, dass euch die Leute tun sollen, das tut ihnen auch« (Mt 7,12).

Was wir geben, kommt in der Regel wieder zurück. Es gibt nicht viele Menschen, die sich über das Prinzip der Gegenseitigkeit hinwegsetzen. Großzügigkeit ist daher ein guter Weg, um selbst Unterstützung, Aufmerksamkeit und Zuwendung zu finden. Einen Kreislauf des Gebens und Empfangens können Sie in allen Bereichen des zwischenmenschlichen Austausches anstoßen: Lob und Anerkennung, Aufmerksamkeit und Zeit, Hilfe und Unterstützung, Berührung und Nähe, Verständnis und In-Schutz-Nehmen, Trost und Ermutigung.

Weil in Beziehungen leider nichts ohne Komplikationen abläuft, gilt es Ausnahmen zu beachten: Das Prinzip der Gegenseitigkeit ist so stark in unserem Miteinander verankert, dass es beinahe wie ein Zwang ist. Manche macht das misstrauisch. Sie wittern hinter Großzügigkeit eine Manipulation: »Das machst du doch nur, damit ich dir dann ...« Menschen, die in dieser Weise vorsichtig sind, gewinnt man, wenn man für das eigene Geben niemals eine Gegenleistung einfordert, sondern geduldig wartet, bis sie sich von selbst einstellt.

Eine andere Komplikation tritt auf, wenn man beim Geben nicht das richtige Maß findet. Wenn Sie einem anderen zum Beispiel ein zu großes Geschenk machen, bekommt er vielleicht das Gefühl, Sie wollten sich damit eine gute Beziehung erkaufen. Wenn Sie einem andern zu viel helfen, entsteht vielleicht der Eindruck, Sie wollten sich auf diese Weise ein Recht auf Nähe erarbeiten. Andere fühlen sich dann vereinnahmt, obwohl sie etwas Gutes erhalten. Besser investiert man daher zunächst in kleiner Münze und gibt dem anderen die Möglichkeit eines Ausgleichs. Mit wachsender Vertrautheit dürfen die Investitionen größer werden.

Allmählich tiefer werdende Bindungen und eine wechselseitige Unterstützung, die mit der Zeit intensiver und verlässlicher wird, sind die beste Antwort auf den wunden Punkt, der hinter dem Stachel *Grenzen überschreiten* steht: der Erfahrung, von andern im Stich gelassen, missachtet oder mit Verantwortung alleingelassen zu werden. Trotzdem gehört es leider zum Leben, dass man mit Situation zurechtkommen muss, in denen einem etwas fehlt.

Bewältigen Sie Mangelsituationen. Wenn sich Menschen mit ihrem Stachel *Grenzen überschreiten* auseinandersetzen, berichten sie mir häufig von Situationen wie dieser:

> Katrin leidet unter einer verschlossenen Kollegin. Sie arbeitet als Sachbearbeiterin auf dem Landratsamt. Unter den Kolleginnen ist es üblich, einander bei schwierigen Fällen über die Schulter zu schauen und sich gegenseitig zu helfen. Doch die Kollegin Claudia schirmt sich ab. Sie ist ein unabhängiger Typ und konzentriert sich auf ihre eigenen Aufgaben. Sie selbst fragt andere selten um Rat. Vielleicht reagiert sie deshalb kaum, wenn Katrin mit ihr über einen schwierigen Vorgang spricht.
> »Mensch, Claudia«, sagt Katrin fast flehend und setzt sich auf eine Ecke von Claudias Schreibtisch. »Wir müssen doch zusammenarbeiten. Sage doch auch mal etwas zu meinen Fällen.«
> Claudia weicht zurück und schaut Katrin mit erschrockenen Augen an. Die beugt sich vor und hält Claudia eine Akte hin: »Hier zum Beispiel, wie würdest du da entscheiden?«
> Claudia rollt mit ihrem Schreibtischstuhl zurück, zieht ein Papier-

taschentuch hervor und putzt sich grundlos die Nase. Dann sagt sie: »Leg es mir hin, ich schau später rein.«
Katrin bleibt nichts anderes übrig, als wieder an ihren Schreibtisch zu gehen. »Ich halte das nicht mehr länger aus«, denkt sie. »Da kann ich auch den Kaffeeautomaten um Rat fragen. Von dem geht mehr Wärme aus. Wenn mich Claudia noch einmal so abspeist, verlasse ich die Abteilung.«

Wie wirkt diese Situation auf Sie? Vielleicht ist Ihnen aufgefallen, wie sehr Katrin ihr Wohlbefinden in Claudias Hände gelegt hat. Katrin hat recht: Durch Claudias Zurückhaltung fehlt ihr etwas Wichtiges. Aber indem sie dagegen ankämpft, treibt sie Claudia nur noch mehr in den Rückzug.

Weil die Welt unvollkommen ist, begegnen wir immer wieder Situationen, in denen uns etwas fehlt. Wer sich davon unabhängig machen kann, ist besser geschützt und holt aus Mangelsituationen das Beste heraus. Doch wie gelingt das?

Es hilft schon, den Mangel nicht persönlich zu nehmen. Wer einen Mangel erlebt, fühlt sich vielleicht unwichtig oder nicht liebenswert. Aber das stimmt nicht. Andere können nicht immer geben, was ich gerade brauche. Oft hilft es auch, das große Ganze zu sehen. Dann würde sich Katrin zum Beispiel erinnern, dass ihre distanzierte Kollegin sie anfangs gut eingearbeitet hat. Das macht es einfacher, ihre Grenzen zu akzeptieren und sich anderswo zu suchen, was ihr Claudia gerade nicht geben kann. Es gibt zum Beispiel eine Kollegin, mit der Katrin befreundet ist und die in eine andere Abteilung gewechselt hat. Eigentlich ist es eine nette Unterbrechung, fünf Minuten durchs Haus zu gehen, kurz um Rat zu fragen, ein paar Sätze zu plaudern und dann gestärkt ins eigene Büro zurückzukehren.

Wie geht man denn grundsätzlich mit der Erfahrung um, dass Menschen frei sind und daher nicht immer tun, was sie sollten, und nicht immer geben, was man von ihnen braucht? Diese Frage kann auf einen spirituellen Weg führen.

Gehen Sie einen Weg der Freiheit

In einem Moment der Weltgeschichte wäre ich gerne dabei gewesen. Der Zimmermannssohn Jesus von Nazareth entdeckt seine einzigartige Beziehung zu Gott, den er als seinen Vater erkennt. Ihm enthüllt sich das Ungeheuerliche seiner Berufung: Er wird Menschen in eine ganz neue Beziehung zu Gott führen. Er wird ihnen zeigen, wie sie mit dem Bösen brechen und wie sie für ihre Schuld Vergebung finden. Jesus muss Menschen dazu bewegen, alles loszulassen, was ihnen bisher Sicherheit und Wert verliehen hat. Nur das setzt sie für ein Leben in schöpferischer Liebe frei. Eine gewaltige Aufgabe, die einen enormen Einfluss auf Menschen voraussetzt.

Hier berührt der Lebensweg Jesu das Thema unseres Kapitels. Wie wird Jesus einen Einfluss gewinnen, der zunächst das Leben von Dutzenden umgekrempelt hat, später von Hunderten, Tausenden und schließlich von Millionen? Jesus darf darauf vertrauen, dass Gott seine Worte mit übernatürlichen Zeichen bekräftigt, andernfalls würde er nicht einmal wahrgenommen werden in einem Umfeld, in dem es von religiösen Lehrern nur so wimmelt. Aber wie soll er auftreten und auf welche Weise die Kraft Gottes sichtbar machen?

Mit welchen Fragen Jesus konfrontiert ist, zeigt uns die Versuchungsgeschichte, die uns im vierten Kapitel des Matthäusevangeliums überliefert ist. Jesus hat sich in die Wüste zurückgezogen und 40 Tage lang gefastet. Nun tritt der Versucher an Jesus heran. Zunächst fordert er ihn auf, aus den umliegenden Steinen Brot zu machen. Dann reizt er Jesus, vor aller Augen vom Tempel Jerusalems zu springen und sich von Engeln auffangen zu lassen. Und schließlich bietet er Jesus die Weltmacht an, wenn er zu ihm, dem Versucher, betet.

Viele Bibelausleger sehen in diesen Angeboten nicht in erster Linie etwas, was Jesus persönlich in Versuchung führt, etwa aus Hunger, Ehrgeiz oder Machtstreben. Vielmehr geht es um die zentralen Möglichkeiten, wie man Einfluss auf andere Menschen gewinnt. Wer Brot schafft und die Menschen ernährt, bringt sie in seine Abhängigkeit. Mit Brot und Spielen haben Cäsaren das Volk gefügig gemacht und es die römische Machtausübung ertragen lassen. »Solange du deine Füße unter meinen Tisch stellst ...« ist das Machtwort von Eltern, die sagen: »Wir bestreiten deinen Lebensunterhalt, also fügst du dich.« Es sind die Brötchengeber, die andere vereinnahmen – Diktatoren, autoritäre

Eltern, anmaßende Vorgesetzte und zuweilen auch alleinverdienende Ehemänner. Jesus lehnt es aber ab, Menschen auf diese Weise unfrei zu machen. Er will nicht, dass ihm Menschen zu Willen sind, weil sie von ihm abhängig sind. Die Rolle des Brotbringers lehnt er ab.

Die zweite Versuchung bietet Jesus an, ein religiöser Star zu werden. Ein unüberbietbares Wunder würde eine Massenbegeisterung hervorrufen, wie sie charismatische Führer wecken. Einige Stars der Finanzwelt zum Beispiel taumeln von Erfolg zu Erfolg und hypnotisieren ihre Umwelt, bis die nächste Finanzkrise für ein bitteres Erwachen sorgt. Auch in privaten Kreisen bringen Menschen mit Charisma andere unter ihren Einfluss. Sie nehmen ihnen die Möglichkeit, sich ihr eigenes Urteil zu bilden und frei zu entscheiden. Auch diese Anmaßung weist Jesus zurück.

Schließlich bietet der Versucher Jesus die Weltherrschaft an, die einfachste und roheste Art, über Menschen zu bestimmen. Auch diesen Pakt mit dem Bösen schlägt Jesus aus. Er weigert sich, jene Einflussmittel in die Hand zu nehmen, die Menschen ihrer Freiheit berauben. In dieser Stunde ist eine Grundsatzentscheidung gefallen, von der Jesus sein ganzes Leben nicht mehr abweichen wird. Niemals wird er Menschen ihre Freiheit rauben, nie wird er sich über ihre Selbstbestimmung hinwegsetzen. Wo die Kirche das später anders macht, darf sie sich kaum auf Jesus berufen.

Aber wie kann Jesus Menschen dann überhaupt beeinflussen, wenn er ihnen ihre Freiheit lässt? Jesus geht auf den einzelnen Menschen in einer Weise zu, die eine starke Bindung erzeugt. Er verschenkt sich so an andere Menschen, dass auch sie ihr Leben für ihn einsetzen. Durch seine befreienden Worte, sein überraschendes Handeln und Wunder, die niemanden zwingen, gewinnt er die freie Hingabe von Menschen. Auf diese Weise übt Jesus einen Einfluss aus, der die Welt verändert hat, ohne die Freiheit eines einzigen Menschen anzutasten.

Auf diesem Hintergrund zeichnet sich ein spiritueller Weg der Freiheit ab. Man kann es sich zur täglichen Übung machen, dort loszulassen, wo ein angemessener Einfluss endet. Dadurch überlässt man andere ihrer Freiheit. Wird Gott nicht trotzdem genug geben und einem genug Menschen an die Seite stellen, dass ein Leben in Freude möglich wird? Menschen, die im Vertrauen auf Gott loslassen, entdecken, dass das, was sie loslassen, oft in verwandelter, besserer Form zu ihnen zurückkommt.

Hat dieses Kapitel eine Sehnsucht geweckt, die Freiheit anderer Menschen zu achten und doch einen positiven Einfluss zu entfalten? Dann nehmen Sie sich eine ungestörte Stunde und gehen Sie den Gedanken dieses Kapitels mithilfe der folgenden Fragen nach.

Analysieren Sie Ihren Stachel

1. Welche der folgenden Verhaltensweisen setzen Sie ein?
   - ☐ Ich habe schon einmal Aufgaben verteilt, ohne die Zustimmung meines Gegenübers abzuwarten.
   - ☐ Manchmal versuche ich, andere zu ihrem Glück zu zwingen.
   - ☐ Wenn andere vor Entscheidungen stehen, sage ich meine Meinung so bestimmt, dass sich andere beeinflussen lassen.
   - ☐ Andere haben mir schon gesagt, dass sie sich von mir kontrolliert fühlen.
   - ☐ Ich kann schnell tiefe Beziehungen eingehen und Nähe herstellen, manchmal überfordere ich andere damit.
   - ☐ In Stresssituationen überfahre oder dominiere ich andere manchmal.
   - ☐ Stoppsignale anderer übersehe oder ignoriere ich manchmal.
   - ☐ Im Eifer des Gefechtes hole ich manchmal für mich das Beste heraus und benachteilige andere.
   - ☐ Ich lasse mich manchmal zu Gefühlsäußerungen oder wütenden Worten hinreißen, die eigentlich zu weit gehen.
2. Setzen Sie manchmal noch weitere Verhaltensweisen ein, durch die Sie anderen ihre Freiheit nehmen?
3. Inwieweit trifft der wunde Punkt auf Sie zu, der (meist) hinter dem Stachel *Grenzen überschreiten* liegt: emotionaler Mangel in der Kindheit, die Erfahrung von Missachtung oder die Erfahrung, als Kind zu viel Verantwortung getragen zu haben?
4. In welchen Situationen wird Ihr wunder Punkt aus der Kindheit wieder aktiviert? Was muss passieren, damit Sie Ihren Stachel *Grenzen überschreiten* ausfahren?
5. Rufen Sie sich zwei oder drei Situationen in Erinnerung, in denen Ihr Stachel *Grenzen überschreiten* anderen ihre Freiheit geraubt hat. Wie haben Sie diese Situation erlebt? Wie ist es wohl den anderen gegangen?

So überwinden Sie den Stachel *Grenzen überschreiten*

1. Haben Sie eine Grenze überschritten, weil Sie sich für jemanden verantwortlich fühlen? Dann legen Sie hier die Grenze fest, an der Ihre Verantwortung endet.
2. Haben Sie eine Grenze überschritten, weil Sie sich ohnmächtig gefühlt haben? Dann legen Sie hier fest, wo genau ein guter Einfluss endet und wo Sie loslassen sollten.
3. Haben Sie eine Grenze überschritten, weil ein anderer nicht mehr Nähe und Offenheit wollte? Dann legen Sie hier fest, was Sie tun und lassen, um zwar einladend zu sein, den anderen aber nicht zu bedrängen.
4. Führen Sie sich vor Augen, auf welche Weise Sie in Ihrem Leben Freundschaft, Liebe und Unterstützung gewonnen haben. Was haben Sie getan, um gute Bindungen aufzubauen?
5. Welche Menschen würden Sie gerne mehr für sich gewinnen? Von wem wünschen Sie sich mehr? Wie könnten Sie Ihre Qualitäten einsetzen, die Sie in Frage 4 festgehalten haben?
6. Wo in Ihrem Leben kann Loslassen zu einer Übung im Gottvertrauen werden? (Teilen Sie Gottes Entschluss, jedem Menschen seine Freiheit zu lassen. Vertrauen Sie, dass Sie Besseres erhalten, wenn Sie loslassen.)

Blenden

Können Sie sich gut verkaufen? Haben andere ein Bild von Ihnen, das etwas zu schön ist, um wahr zu sein? Haben Sie andere schon enttäuscht, weil Sie ihnen zu viel versprochen haben? Und gibt es nur wenige Menschen, die wissen, wie es wirklich in Ihnen aussieht? Dann könnte das Blenden Ihr Stachel sein.

Ein wenig Selbstdarstellung muss sein. Wer seine Schwächen und Fehler vor sich herträgt, verunsichert andere. Wer andere begeistern will, muss ihren Blick auf das Positive richten. Andererseits wünschen sich andere Ehrlichkeit und auch, dass Erwartungen, die ein anderer geweckt hat, nicht enttäuscht werden. Außerdem möchte man neben anderen auch bestehen können. An der Seite von Menschen, die nur bewundernswerte Eigenschaften haben, fühlen wir uns unterlegen. Dann verursacht Selbstdarstellung Probleme, die Sie in den folgenden Beispielen beobachten können:

So tun als ob. Finn ist Berufsanfänger und unterrichtet seit einem Jahr an einem Gymnasium. Seine männlichen Kollegen kleiden sich leger, doch Finn trägt ein Jackett und schwarz glänzende Schuhe. Mit seiner Erscheinung überflügelt er sogar das Outfit der Schulleitung. Auch Finns Tonfall in der Konferenz klingt schon jetzt, als habe er lange Erfahrung und den vollen Durchblick. Wenn er erfahrenen Kolleginnen und Kollegen Tipps gibt, wirkt das unglaublich selbstbewusst. Manche sehen in Finn schon den künftigen Schulleiter, andere halten Abstand, weil sie ihn für aufgeblasen halten. Finn bemerkt durchaus, wie unterschiedlich die Reaktionen auf ihn sind. Doch er kann es sich nicht erklären.

Makellosigkeit. »Die mit ihrem perfekten Leben«, ärgert sich Tina über ihre Nachbarin. Selbst wenn Sara nur einkaufen geht, stimmt ihr Outfit bis ins Detail: die Kleidung, die Frisur, das Make-up. Ihr Gang federt vor Energie. Saras Vorgarten ist geschmackvoll bepflanzt. In ihrem Haus sieht es aus wie in einer Zeitschrift für »Schönes Wohnen«. Ihr Lauritz spielt Klavier, ihre Bernadette Geige.
»Wenn ich mit Sara einen Kaffee getrunken habe und zurück nach Hause komme, dann fühle ich mich hässlich und unorganisiert«, klagt Tina bei ihrem Mann.

Angeben. Es ist beinahe wie ein Zwang. Stefan muss das, was er erreicht, übertreiben. Wenn Stefan einen Schrank aufgebaut hat, erzählt er seinem Freund: »Das war eine Sache von einer Stunde.« Der Freund staunt, denn er selbst würde mindestens doppelt so lange brauchen. Stefans Frau schämt sich am Ende des Abends: »Warum musst du immer so dick auftragen? Du hast für den Schrank doch locker zwei Stunden gebraucht.«

Die verschiedenen Beispiele zeigen, auf welche Weise der Stachel *Blenden* anderen wehtut. Er weckt Erwartungen, die irgendwann enttäuscht werden. Er gibt anderen ein Gefühl von Unterlegenheit. Wenn die Selbstdarstellung für andere durchschaubar ist, berührt sie einen mit einer Peinlichkeit, die man als Fremdschämen bezeichnen kann.

Erkennen Sie sich selbst

Wie jeder Stachel hat auch die Selbstdarstellung ihre Geschichte. Sie entspringt aus der Erfahrung konditionierter Liebe, also einer Liebe, die an Bedingungen geknüpft ist. Dies übt auf ein Kind den Druck aus, besser zu sein, als es in Wahrheit ist. In der Familie spielt sich dann eine der folgenden Geschichten ab.

Ein Mangel an Aufmerksamkeit. Manche Eltern sind sehr mit sich selbst beschäftigt, weil es Ihnen nicht gut geht oder weil sie ehrgeizige Ziele verfolgen. Ihre Kinder geraten so in eine Situation wie Werbefachleute, die um die Aufmerksamkeit viel beschäftigter Menschen kämpfen. Diese Aufgabe löst die Werbung, indem sie starke Reize einsetzt. Sie zeigt, was herausragend und erfolgreich ist, was Bewunderung weckt, was in Staunen versetzt, was süß und sexy ist. Zu ähnlichen Mitteln greifen auch Kinder, wenn ihnen Aufmerksamkeit und Zuwendung fehlen.

Mädchen präsentieren sich kokett, Jungs setzen ihren Charme ein und werden zu kleinen Kavalieren. Andere beeindrucken durch Sportlichkeit oder Musikalität. Andere Kinder leisten Erstaunliches, etwa durch frühes Rechnen oder Lesen und später durch die Leistungen in der Schule. In sozialen Familien kommt es gut an, wenn ein Kind schon früh teilt, sich über andere Gedanken macht und hilft. Kinder orientieren sich daran, was bei ihren Eltern am besten ankommt. Sie verinnerlichen auf diese Weise: Beeindrucken ist der beste Weg, um die Aufmerksamkeit meiner Eltern zu erlangen. Diese Strategie setzen Kinder auch als Jugendliche und Erwachsene fort.

Gefühle von Unzulänglichkeit und Scham. Manche Eltern erschrecken, wenn ihre Kinder hinter ihren Erwartungen zurückbleiben. Sie schämen sich für ihre Kinder, als ob es auf sie zurückfallen würde, wenn ihre Kinder nicht bewundernswert sind. Kinder lesen das an den Blicken ihrer Eltern ab, an kritischen Bemerkungen oder an der Aufforderung, sich mehr anzustrengen. Darauf können Kinder unterschiedlich reagieren. Besonders naheliegend aber ist der Versuch, das bewundernswerte Kind zu werden, das sich die Eltern offenbar wünschen. Kinder strengen sich dann einerseits an, andererseits lernen sie, ihre Leistung in ein gutes Licht zu rücken und das, was sie nicht gut können, wegzumogeln. Manche Lüge und manche Heimlichkeit haben hier ihren Ursprung.

Angst vor Versagen. Es ist der Albtraum ehrgeiziger Eltern, dass ihre Kinder im Leben scheitern. Die Kindheit eines jungen Menschen wird dann von den Sorgen der Eltern überschattet:

- »So wirst du nie auf ein Gymnasium kommen.«
- »Willst du später von Sozialhilfe leben?«
- »Wie willst du einen Mann finden?«

Solche Sätze dämpfen den natürlichen Optimismus eines Kindes. Manche Kinder treibt das in die Leistungsverweigerung. Andere entwickeln eine übertriebene Erfolgsorientierung. Sie stehen unter dem Druck, Erfolge zu erzielen und die auch zu zeigen. Menschen mit dieser Prägung können mit Misserfolgen nicht entspannt umgehen. Zu stark ist die Angst, dass sie als Versager dastehen. Sie können Misserfolge nicht zugeben, obwohl niemandem alles gelingt. Stattdessen interpretieren Sie um, was nicht gelingt, und verkaufen es als Teilerfolg. Wenn das kleine Kinder tun, ist das süß. Wir durchschauen sie liebevoll und verstehen ihren Wunsch, gut dazustehen. Wenn sich Erwachsene dazu hinreißen lassen, enttäuscht und empört das.

So unterschiedlich sind die Gründe, die Menschen zur Selbstdarstellung bewegen. Gemeinsam ist ihr Wunsch, in den Augen anderer besser dazustehen. Wer den Stachel *Blenden* überwinden will, muss sich ein paar peinlichen Momenten stellen. Doch es gibt viel zu gewinnen. Denn Selbstdarstellung entfremdet uns von unserem wahren Ich. Deshalb führt Sie ein Weg der Veränderung auch zu sich selbst.

So überwinden Sie Ihren Stachel

In allen Menschen lebt eine Sehnsucht nach Echtheit. So sein zu dürfen, wie man ist, gehört zu den Grundbedürfnissen jedes Menschen. Außerdem sollen die Liebe und Wertschätzung, die wir empfangen, nicht einem Idealbild gelten, sondern der Person, die wir wirklich sind. Die folgenden Empfehlungen helfen Ihnen, Ihrem Bedürfnis nach Echtheit zu vertrauen und neue Erfahrungen zu machen. Auf diesem Weg machen Sie Ihren Stachel *Selbstdarstellung* überflüssig. Er wird sich dann nur noch in Stresssituationen aufrichten, in denen wir alle einmal in alte Muster zurückfallen.

Entdecken Sie das Gewöhnliche

Wenn ein Paar zu mir kommt und eine Ehetherapie beginnt, dann interessiere ich mich für die Anziehungskräfte, die eine Beziehung geformt haben: »Was hat Ihnen denn am andern gefallen?« Überraschenderweise sind es oft ganz gewöhnliche Eigenschaften, die Liebe geweckt haben, zum Beispiel: »Er hat eine so schöne Stimme.« Andere sagen: »Wir konnten über alles reden.« Oder: »Wir haben viel miteinander gelacht.« Offenbar entzündet sich Liebe nicht an Erfolg, Leistung oder Makellosigkeit.

Diese überraschenden Antworten finden sich auch in den Forschungsbefunden der Paarpsychologie[7]. Wenn Paare befragt werden, was sie an ihrem Partner anzieht, nennen Sie folgende Eigenschaften:

- Großzügigkeit
- Lebensfreude
- Verantwortungsgefühl
- Zärtlichkeit
- Wertschätzung
- Stärke und Konfliktbereitschaft

7 Grau, Ina; Bierhoff, Hans-Werner (Hrsg., 2013). Sozialpsychologie der Partnerschaft. Springer Verlag, Berlin Heidelberg. Willi, Jürg (2004). Was hält Paare zusammen? Rowohlt Taschenbuch-Verlag, Reinbeck bei Hamburg. Felmlee, Diane (1998). Fatal Attractions. Loss and Contradictions in Intimate Relationships. In: Harvey JH. Perspectives on Loss, Routledge Chapman & Hall, S. 113-124.

- Einfühlungsvermögen und Mitgefühl
- Ausgeglichenheit und Unkompliziertheit
- Zielstrebigkeit
- Offenheit und Nahbarkeit

Das sind keine außergewöhnlichen Qualitäten. Trotzdem wecken sie Liebe. Nicht anders ist es bei den Eigenschaften, die wir bei Freunden oder Kollegen schätzen. Andere müssen uns keine außergewöhnlichen Begabungen oder Erfolge bieten, damit wir sie mögen. Auch mit ganz normalen Eigenschaften gewinnt man die Sympathie anderer Menschen. Für Menschen mit dem Stachel *Selbstdarstellung* ist das eine gute Nachricht. Sie müssen keinen guten Eindruck machen. Es reicht, dass sie ihre natürlichen Qualitäten so einsetzen, dass sie anderen guttun. Vielleicht entsteht dann zum ersten Mal im Leben eine Sicherheit, dass Liebe nicht an besondere Bedingungen geknüpft ist. Diese Erfahrung macht bereit für einen weiteren Schritt.

Versöhnen Sie sich mit Ihren Fehlern und Misserfolgen. Misserfolge gehören zum Leben. Wer etwas erreichen will, muss etwas wagen. Eine herausfordernde Aufgabe schließt die Möglichkeit eines Misserfolges ein. Nur wenige Menschen werden schlecht von Ihnen denken, wenn Ihnen einmal etwas nicht gelingt. Die meisten Menschen blicken mit Wohlwollen auf andere, die sich einer Aufgabe stellen. Es sind verinnerlichte Stimmen, die einen Misserfolg zu einer persönlichen Katastrophe machen:

- »Du bist ein Versager!«
- »Wenn du das nicht schaffst: Was soll aus dir werden?«
- »Andere hätten das hinbekommen.«

Manchmal haben Eltern solche Sätze zwar nicht ausgesprochen, doch in ihrer Reaktion lag eine Botschaft, die sich als innere Stimme eingeprägt hat. Menschen gewinnen dann, wenn sie an neuen Leitsätzen festhalten:

- »Wenn ich eine Herausforderung annehme, darf auch mal etwas schiefgehen.«

- »Auch andere müssen einmal einen Misserfolg verkraften. Das gehört zum Leben.«
- »Erfolg bedeutet, es so lange zu versuchen, bis es klappt.«

Mit dieser Haltung brauchen Sie Misserfolge nicht zu überspielen. Sie können Fehler eingestehen. Auf andere wirkt das souverän und zugleich bescheiden. Wo Ihnen das gelingt, stehen Sie bereits am Anfang eines spirituellen Weges.

Gehen Sie einen Weg der Echtheit

Das Thema Selbstdarstellung wirft eine Frage auf, die sich jedem Menschen stellt: Darf ich sein, wie ich bin, oder muss ich etwas verkörpern, was den anderen gefällt? Der Glaube gibt darauf eine Antwort: »Auch wenn dich alle ablehnen würden, bliebe dir das bedingungslose Ja von Gott.« Vertrauen führt auf einen Weg der Echtheit.

Das Ziel eines spirituellen Weges ist allerdings nicht jene selbstbezogene Echtheit, die sagt: »Ich bin, wie ich bin. Mir ist egal, wie ich ankomme und was andere von mir denken.« Eine taktlose Ehrlichkeit verletzt und stößt vor den Kopf. Eine beziehungsfähige Echtheit zeigt sich anders: »So wie ich bin, kann ich für andere da sein. Wenn jemand damit nichts anfangen kann, ist das schade. Doch ich muss mich für niemanden verstellen oder verbiegen.«

Zum Thema Selbstdarstellung hat Jesus einiges gelehrt. Jesus motiviert uns zum Beispiel, auf Statussymbole zu verzichten. Zu seiner Zeit war Religiosität das größte Statussymbol. Jesus hat daher geraten, die eigene Religiosität nicht zur Schau zu tragen. Gebet und Spenden sollen im Verborgenen geschehen. Im Bild der antiken Sitzordnung empfiehlt Jesus, lieber einen bescheidenen Platz zu wählen und sich vom Gastgeber auf einen ehrenvolleren Platz einladen zu lassen. Allerdings will Jesus keine falsche Bescheidenheit fördern. An anderer Stelle fordert er seine Schüler auf, ihre guten Werke auch sichtbar werden zu lassen.

So führen die Empfehlungen Jesu in ein herausforderndes Spannungsfeld: persönliche Bescheidenheit, aber Selbstbewusstsein in der guten Sache. Manchmal sollte man es tolerieren, wenn man missachtet, verkannt oder unterschätzt wird; in anderen Situationen sollte man sich dagegen wehren – um der guten Sache willen.

Dieser Zusammenhang ist auch in unserem modernen Leben plausibel:

Eine Vorgesetzte zum Beispiel, die den Ruf hat, sowohl die Unternehmensziele zu erreichen als auch ein gutes Betriebsklima zu fördern, wird ihre Mitarbeiter leicht motivieren können. Ihr persönliches Ego jedoch muss sie nicht aufpolieren. Sie kann es sich erlauben, Fehler einzugestehen und bescheiden aufzutreten, was ihre Person angeht.

Zu Beginn dieses Abschnitts habe ich erwähnt: Der Mut zur Echtheit kann sich auf eine Gottesbeziehung stützen, wenn sich der Glaubende so, wie er ist, geliebt weiß. Aber wie wird die Bejahung Gottes erfahrbar? Hier hat die christliche Tradition einige Wege geebnet, die Menschen seit Jahrhunderten beschreiten.

Sündenbekenntnis. Diese Praxis wird oft verkannt. Ihr wird unterstellt, sie belade Glaubende mit Schuldgefühlen. Aber wer ein wenig Lebenserfahrung hat, weiß: Die dunklen Seiten unserer Person sind eine Realität, der wir in Schlüsselmomenten unseres Lebens begegnen: unserer Lieblosigkeit, Selbstbezogenheit, Unehrlichkeit, Feigheit oder Kleinlichkeit. So gründlich ist keine Verdrängung, dass Menschen nicht an sich zweifeln oder nie Gewissensbisse haben. Das Sündenbekenntnis stellt unsere dunklen Momente in einen Raum der Vergebung hinein. Es ist sich schon vorher sicher, dass Gott verzeiht, die Schuld für erledigt erklärt und den Glaubenden bejaht. Kann man sich dann nicht das Bekenntnis sparen? Natürlich nicht. Denn auch bei einem großzügigen Freund wird eine Entschuldigung erst wirksam, wenn man sie ausspricht.

Von anderen Menschen dürfen wir nicht erwarten, dass sie in unsere Abgründe blicken und uns dann noch bejahen. Unsere dunkelsten Seiten verbergen wir vor anderen Menschen, weil sie nicht zumutbar sind. Hier drückt sich eine gesunde Scham aus. Ein Sündenbekenntnis bringt auch das ans Licht, wofür wir uns am meisten schämen. Dann wird selbst dort ein Ja über unserem Leben spürbar.

Meditation des Weges Jesu. Als Meister kurzer Formeln hat Martin Luther auf den Punkt gebracht, wie wir uns die Bedeutung aneignen, die der Weg Jesu für uns heute hat. Jesus hat uns – so sagt die christliche Tradition – »erlöst«, modern würde man vielleicht sagen: spirituell befreit. Diese Befreiung fand, sagt Luther, *extra nos* und *pro nobis* statt, also außerhalb von uns, aber für uns. In dieser Formel verdichtet sich, was heute viele Regalmeter theologischer Literatur ergründen: Ohne mein Zutun, ganz unabhängig von mir, ist die Grundlage einer spirituellen Befreiung gelegt. Auch wenn es sich in einem anderen Jahrhundert abgespielt hat, in einer anderen Region, in einer fremden Kultur, ist es doch auch für mich geschehen. Jesus ist Mensch geworden – für mich. Er hat einen Leidensweg beschritten – für mich. Er ist auferstanden – für mich. Jeder dieser drei Akte hat viele Bedeutungsschichten. Man kann sie sein Leben lang intensiv betrachten und wird immer neu davon ergriffen. Zu dieser Betrachtung eignen sich zuallererst die vier Evangelien. Die umfangreiche Briefliteratur, die den Evangelien folgt, will das Verständnis von Jesu Weg vertiefen und seine Anwendung praktisch werden lassen. Die meisten Reflexionen dazu sind von dem Gelehrten Paulus überliefert, über den der Jesusschüler Petrus klagt: »Davon redet er in allen Briefen, in denen einige Dinge schwer zu verstehen sind«. Die Betrachtung wird uns sehr erleichtert, wenn sich Fachleute finden, die theologische Gedanken für Menschen von heute verständlich machen. Das leisten Bücher wie »Jesus von Nazareth« von Joseph Ratzinger, dem ehemaligen Papst Benedikt XVI. Wer sich die Menschwerdung, den Leidensweg und die Auferstehung Jesu persönlich aneignet, erlebt das *extra nos* und *pro nobis* an der eigenen Person. Der Wert und das Geliebtsein sind zwar persönlich erfahrbar, aber außerhalb der eigenen Person verankert. Sie sind unabhängig von der eigenen Leistung, von den eigenen Fähigkeiten, von Erfolg und Versagen. Wer das erfährt, kann ehrlicher und authentischer leben.

Unter einem spirituellen Gesichtspunkt ist Selbstdarstellung ein Ballast, von dem Bescheidenheit befreit. Dann geht sich ein Weg der Echtheit leichter. Auf dem Weg erlebt ein Glaubender eine existenzielle Bejahung. Sie berührt auch Bereiche der Seele, die durch die Erfahrung verunsichert wurde, nicht bedingungslos geliebt worden zu sein. Die tieferen Gründe für Selbstdarstellung erübrigen sich mehr und mehr.

Hat dieses Kapitel Ihre Sehnsucht nach Echtsein geweckt und vielleicht auch den Wunsch, nur noch Erwartungen zu wecken, die Sie auch erfüllen können? Dann nehmen Sie sich eine ungestörte Stunde und gehen Sie den Gedanken dieses Kapitels mithilfe der folgenden Fragen nach.

Analysieren Sie Ihren Stachel

1. Welche der folgenden Verhaltensweisen setzen Sie ein?
   - ☐ Ich erwähne es sofort, wenn ich die Bekanntschaft von einflussreichen oder erfolgreichen Persönlichkeiten mache.
   - ☐ Meine Erfolge und Qualitäten setze ich manchmal so in Szene, dass mich andere für besser halten, als ich bin.
   - ☐ Wenn andere zu gut von mir denken, genieße ich es, statt den Eindruck zu korrigieren.
   - ☐ Es fällt mir schwer, zu meinen Fehlern und Schwächen zu stehen.
   - Manchmal mogle ich ein wenig, um besser vor anderen dazustehen.
   - ☐ Ich habe schon einmal übertrieben, was ich kann oder erreicht habe.
   - ☐ Ich möchte auch von Menschen gemocht werden, die ich selbst nicht besonders mag.
   - ☐ Manchmal verbiege ich mich, damit ich so bin, wie es die anderen von mir erwarten.
   - ☐ Andere haben mir schon gesagt, dass ich zu perfekt wirke.
   - ☐ Wenn ich etwas Besonderes erreiche, kann ich es unmöglich für mich behalten.
2. Setzen Sie noch weitere Verhaltensweisen ein, durch die Sie vor anderen gut dastehen?
3. Spüren Sie dem wunden Punkt nach, der in diesem Kapitel beschrieben ist: Liebe und Aufmerksamkeit, die an Bedingungen geknüpft sind. In welcher Weise trifft dieser auf Sie zu?
4. Welche heutigen Situationen und Erfahrungen rühren an diesen wunden Punkt? Wie genau wird dann Ihr Stachel aktiv (zu viel versprechen, Ihre Qualitäten oder Erfolge übertreiben, Schwächen verbergen)?

5. Rufen Sie sich zwei oder drei Situationen in Erinnerung, in denen Ihr Stachel *Blenden/Selbstdarstellung* bei anderen Erwartungen geweckt hat. Wie haben Sie diese Situation erlebt? Wie ist es den anderen gegangen?

So überwinden Sie den Stachel *Blenden/Selbstdarstellung*

1. Wenn Sie einmal von Ihren Leistungen und Ihrem Status absehen: Welche (ganz normalen) Eigenschaften von Ihnen schätzen andere? Könnten Sie auch daran festmachen, dass Sie für andere liebenswert sind? Was sagen andere über Sie? Welche Eigenschaften mögen diese wirklich an Ihnen?
2. Wenn Sie zur Selbstdarstellung neigen, lebt in Ihnen vermutlich eine besondere Sehnsucht nach Echtheit. Menschen, vor denen Sie ehrlich und echt sein können, ziehen Sie vielleicht in besonderer Weise an. Wo haben Sie das schon einmal erlebt? Was müssten Sie tun, um häufiger solche Erfahrungen zu machen?
3. Wo könnten Sie auf gute Weise zu Ihren Fehlern und Schwächen stehen?
4. Wo könnten Sie einen spirituellen Weg der Echtheit gehen? Wie könnten Sie einen tieferen Zugang zu Gottes bedingungsloser Liebe finden?

Selbstüberforderung

Sind Sie häufig überanstrengt und erschöpft? Teilen Sie Sorgen und Probleme mit anderen? Geraten Sie schnell aus dem inneren Gleichgewicht? Schleppen Sie ungelöste Probleme mit sich herum? Dann könnte Selbstüberforderung Ihr Stachel sein.

Manche Menschen tun sich schwerer als andere, für ihr Wohlbefinden zu sorgen. Sie können sich nicht gut schützen. Sie verfolgen Ziele, die sie an den Rand der Erschöpfung bringen. Sie haben in ihrem Lebensrucksack Probleme angesammelt, deren Last sie drückt. Eine persönliche Überforderung wirkt sich auch auf Beziehungen aus. Denn die meisten Menschen werden aktiv, wenn es jemandem schlecht geht. Sie fühlen mit, machen sich Sorgen und bieten Hilfe an.

Wenn Sie sich in diesem Kapitel wiederfinden, wird Ihnen manches, was Sie entdecken, peinlich sein. Denn wer gesteht sich gerne ein, dass er manche Probleme selbst verursacht, weil er sich selbst überfordert? Wer mag zugeben, dass man sich nicht die Hilfe sucht, die Probleme lösen würde? Noch schmerzlicher ist vielleicht die Erkenntnis, dass man andere mit seinen Sorgen und Nöten überfordert.

Bei milderen Formen des Stachels, denen wir uns hier widmen, spreche ich lieber von Selbstüberforderung als vom Energierauben. Denn Menschen, die sich hier finden, halten sich normalerweise eher zurück, statt sich Unterstützung zu suchen. Trotzdem reagieren andere auf den Druck, die Erschöpfung, die Sorgen und die Selbstüberforderung – und ohne dass man es möchte, merkt man: »Wie es mir geht und was ich mitteile, kostet andere wohl Kraft.

Lassen Sie uns nun genauer betrachten, wie Situationen entstehen, die andere überfordern.

Wehrlosigkeit. Vanessas Freund ist ein Idiot. Er macht Scherze auf ihre Kosten. Er flirtet mit anderen Frauen. Seine Pläne zieht er rücksichtslos durch. Vanessa erzählt ihrer Freundin Maja dann, wie sich Patrick wieder verhalten hat. Die hört ihr zu und tröstet, so gut sie kann. Maja geht mit einem Zorn aus dem Gespräch. Wie kann sich Patrick nur so verhalten? Sie malt sich Szenen aus, was sie Patrick an Vanessas Stelle sagen würde.
Solche Gespräche hat Maja mit Vanessa schon geführt, seit sie sich kennen. Vanessa gerät immer wieder an Menschen, die sie nicht gut behandeln. Mal war es der Chef, der sich unmöglich verhalten hat, mal eine Freundin. Vanessas Probleme füllen die gemeinsamen Gespräche. Maja schätzt ihre Freundin und mag sie aufrichtig. Sie ist so humorvoll, liebenswürdig und begabt. Doch wenn Maja selbst Stress hat, mag sie sich lieber nicht mit Vanessa treffen.

Selbstüberforderung. Nina hat Ränder unter den Augen. Ihre Wangen sind eingefallen. Woher nimmt ihr magerer Körper nur die Energie für ein solches Leben: ein schönes Haus, zwei Kinder, eine halbe Stelle als Sekretärin, den Kirchenchor und meist hat sie noch ein soziales Projekt am Laufen. Weder ihr Job noch das Erziehen fallen Nina leicht, auch nicht die Organisation ihres Haushalts. In vielem beißt sie sich einfach durch. Ihr Mann würde sie gerne entlasten. Er macht ihr Vorschläge, wo sie weniger machen könnte. Doch Nina winkt ab: »Andere schaffen das auch.« Wenn Nina nicht ihre treu sorgenden Freundinnen hätte, wäre sie wohl schon zusammengebrochen. Die drängen Nina ihre Unterstützung geradezu auf.

Ungelöste Probleme. »Ich hab fast kein Geld mehr«, gesteht Klaus.
»Komm Klaus«, ermuntert ihn ein Kumpel. »Unser Ausflug soll doch nicht am Geld scheitern. Wir legen zusammen und du kommst mit.« Klaus nickt verlegen und dankbar.
Als Thomas Klaus einmal besucht, hakt er nach: »Sag mal. Du verdienst doch nicht schlecht. Wie kommt es, dass du oft so klamm bist?«
Klaus lächelt verstohlen und greift nach seinem Tablet. Auf seinem Startbildschirm versammeln sich die einschlägigen Videostreaming-Dienste.
»Kannst du das nicht einfach mal eine Weile lassen? Bis du wieder flüssig bist?«
Klaus verstummt.
»Schulden?«
Klaus nickt.
»Darf ich fragen, wie viel?«, hakt Thomas nach.
»Weiß nicht genau«, druckst Klaus herum. »Tausend bei den Eltern. Immer ein-, zweitausend auf dem Girokonto. Noch etwa fünftausend Kredit für das Auto ...« Bevor Klaus die Aufzählung beenden kann, entfährt es Thomas: »Aber du zahlst dich ja dumm und dämlich an den Zinsen!«
»Ich weiß«, sagt Klaus. »Aber was soll ich machen?«

Vanessa, Nina und Klaus werden von anderen als angenehme Menschen erlebt. Gleichzeitig bringen Sie sich in überfordernde Situationen, die früher oder später auch andere in Mitleidenschaft ziehen.

Erkennen Sie sich selbst

Auch ein selbstüberfordernder Lebensstil hat seine Ursprünge in der Kindheit. Seine Ursachen finden sich meist in einer hohen Sensibilität oder in einer Erziehung zur Unselbstständigkeit.

Sensibilität. Die kleine Ida ist das dritte Kind in der Familie. Ihre Schwester und ihr Bruder entwickeln sich unauffällig. Ida dagegen ist sensibel. Kleine Anlässe genügen, dann weint sie oder verfällt in einen Trotzanfall. Ida ist scheu und ängstlich. Sie mag nur eine kleine Auswahl an Nahrungsmitteln. Auch an ihrer Kleidung hat sie oft etwas auszusetzen. Die Unterhose spannt, die Socken sind zu eng, ein Wollpulli kratzt unerträglich am Hals. Idas Mutter erlebt Wechselbäder von Hilflosigkeit und Wut. Warum kann Ida nicht einfach normal reagieren? Warum muss sie wegen allem ein solches Theater machen?

Leider weiß Idas Mutter nicht, dass die Sensibilität ihrer Tochter eine angeborene Besonderheit ist. Dann könnte sie erkennen: Unterhosen spannen tatsächlich ein wenig. Alle Wollpullover kratzen auf der Haut. Doch diese Reize liegen bei den meisten Menschen unterhalb der Schwelle, an der sie bewusst wahrgenommen werden. Bei sensiblen Menschen liegt die Reizschwelle viel tiefer. Was andere kaum wahrnehmen, kann für sie unangenehm werden. Nicht anders geht es sensiblen Kindern mit zwischenmenschlichen Reizen. Sie brauchen daher mehr Schutz und Abschirmung als andere Kinder. Sie müssen langsamer an Anforderungen herangeführt werden. Sie brauchen oft eine Extraportion Trost und Ermutigung, weil das Leben für sie tatsächlich härter ist als für andere Kinder.

Stattdessen trimmen viele Eltern ihr sensibles Kind auf Normalität. Kinder verinnerlichen diese Überforderung dann und setzen sie als Erwachsene fort. Sie zwingen sich selbst dazu, »normal« zu sein und

»normal« zu leben. Dadurch wählen sie einen Lebensstil chronischer Selbstüberforderung, der die Menschen in ihrer Umgebung alarmiert.

Abhängigkeit. Manche Eltern verbauen ihren Kindern die Erfahrungen von Selbstständigkeit. Sie nehmen ihnen Entscheidungen auch da ab, wo Kinder gut selbst entscheiden könnten. Sie halten ihre Kinder von allem fern, was hart, unangenehm oder gefährlich werden könnte. Kindern, die so aufwachsen, fehlt die Fähigkeit, mit unangenehmen Situationen und den Härten des Lebens umzugehen. Wenn sie ausziehen, treffen sie die Herausforderungen des Lebens hart. Sie sind eher unsicher in Entscheidungen, sorgen nicht immer gut für sich und vertrauen manchmal den falschen Menschen. Andere spüren das und bieten ihren Rat und ihre Hilfe an.

Wenn wir die Selbstüberforderung als Schutzmechanismus sehen, dann beobachten wir, wie sie sich trotzig gegen den Verzicht und das Zurückstehen stellt, zu dem eine besondere Sensibilität oder andere nachteilige Umstände führen würden. Unbewusst rechnet dieser Stachel damit, dass andere schon einspringen und unterstützen, wenn es gar nicht mehr geht. Damit sind wir an den Punkt gelangt, an dem eine Veränderung ansetzt.

So überwinden Sie Ihren Stachel

Es ist ein einfacher Befund aus der Stresspsychologie: Die Anforderungen des Lebens sollten zu den Fähigkeiten und Möglichkeiten passen, die eine Person hat. Sind die Anforderungen häufig zu hoch, dann werden Menschen unausgeglichen oder reizbar. Oft zeigen sich auch körperliche Stressreaktionen wie Verspannungen, Infektanfälligkeit oder Magenprobleme. Irgendwann reagieren Bezugspersonen dann besorgt. Wenn Erschöpfte Hilfe suchen, geht es vor allem darum, die Anforderungen zu senken. Manchmal geht es nicht so schnell. Vielleicht hat man die Entscheidung schon vor einigen Monaten getroffen, die heute in die Überforderung führt. Doch wer von heute an bei seinen Entscheidungen fragt, ob sie ihm wirklich guttun, hat gute Chancen, aus der Überforderung herauszufinden. In der Zwischenzeit können Betroffene einen Ausgleich für überlastende Situationen schaffen. Sie nehmen sich mehr Pausen und Erholungszeiten. Sie suchen kleine Glücksmomente zwischendurch. Wenn das gelingt, atmet meist auch das Umfeld auf.

Natürlich erscheint uns erst mal alles notwendig, was wir in unserem Leben leisten und ertragen. Es käme uns wie ein Versagen vor, etwas nicht mehr zu schaffen. Wir haben außerdem Angst, dass unser Leben ärmer wird, wenn wir weniger leisten. Vielleicht haben wir auch Schuldgefühle, wenn wir manche Erwartung nicht mehr erfüllen, die andere an uns haben. Doch solche Gefühle lassen mit der Zeit nach, wenn man sein Leben kleiner, aber wertvoller macht. Menschen staunen: »Weniger ist mehr.« Sie empfinden mehr Glück, weil sie weniger gehetzt sind und weniger Druck verspüren. Sie beschenken andere mit dem Besten, was sie zu geben haben.

So verkleinern Sie Ihr Leben

Es kann sehr befreiend sein, die eigenen Ansprüche zu senken. Das zeigt folgendes Beispiel.

> Ann-Sophie hat hohe Ansprüche an die Erziehung ihrer Kinder. Fernsehen und Computerspiele gibt es nicht. Stattdessen ist Ann-Sophie mit den Kindern unterwegs im Schwimmunterricht, im Kindertheater und in kindgerechten Ausstellungen. Zu Hause finden aufwendige Kreativaktionen statt. Im Therapiegespräch offenbart Ann-Sophie aber noch eine andere Seite der Erziehung. Ihre Kinder sind nicht besonders folgsam. Kleider und Spielsachen lassen sie überall herumliegen. Ann-Sophie schreit ihre Kinder manchmal an und muss sich dann hinterher entschuldigen. Gespräche mit ihren Freundinnen drehen sich daher oft um Erziehungsprobleme.
>
> Ann-Sophie fällt es nicht leicht, doch sie macht Abstriche an ihren Idealen. Sie reduziert ihr aufwendiges Förderprogramm und mutet den Kindern zu, sich auch einmal selbst zu beschäftigen. Manchmal parkt sie ihre Kinder sogar vor dem Notebook, wo sie eine Serie schauen. So wird der Familienalltag entspannter und auch liebevoller. Endlich hat Ann-Sophie auch die Kraft, Verhaltensregeln einzuführen und deren Befolgung mit gelassener Ausdauer durchzusetzen. Natürlich schmerzt es Ann-Sophie, wenn

sie Mütter erlebt, die ihren Kindern mehr bieten. Aber sie hat akzeptiert: Ich schaffe das so nicht und ich muss es auch nicht schaffen.
Sensible Menschen müssen sich vor den eigenen Ansprüchen schützen. Aber auch von außen kommen Belastungen ins Leben.

Lernen Sie, sich selbst zu schützen

Wenn sich Menschen überfordern, hat das vor allem zwei Gründe. Erstens bemerken sie nicht schnell genug, ob ihnen etwas guttut oder nicht. Zweitens wehren sie sich oft nicht, wenn andere ihnen zu viel aufladen. Sie haben oft auch kein Konzept, was sie tun sollen, wenn andere Menschen sie schlecht behandeln. Wer hier ansetzt, schont seine Kraftreserven und wird entspannter. Außerdem sorgt man dafür, dass in Gesprächen mit Freunden oder dem Partner nicht zu viele Problemthemen auftauchen. Denn es gibt kaum etwas, was uns innerlich mehr beschäftigt als Menschen, die uns nicht gut behandeln.

An dieser Stelle schlage ich Ihnen eine Übung zur Selbsterfahrung vor. Führen Sie sich doch einmal die Menschen vor Augen, die im Augenblick zu Ihrem Leben gehören: Nachbarn, Kollegen, Freunde usw. Lassen Sie einen nach dem andern für einen Moment vor Ihrem inneren Auge auftauchen. Wie fühlen Sie sich in der Nähe dieser Person? Achten Sie dabei besonders auf Ihren Körper. Welche Körperempfindungen stellen sich ein, wenn Sie sich auf die Person konzentrieren? Spüren Sie, wie unterschiedlich und fein abgestuft Ihre Gefühle auf andere reagieren?

Sie werden bemerken, dass manche Menschen überwiegend angenehme, andere überwiegend unangenehme Empfindungen auslösen. Hier kommen Sie einer lebensverändernden Unterscheidung auf die Spur. Manche Menschen tun Ihnen gut, andere nicht.

Wenn Sie Ihr Leben bisher trotz negativer Gefühle gemeistert haben, dann denken Sie vermutlich: »Das gehört dazu. Das Leben ist kein Ponyhof. Es kann einem ja nicht jeder Mensch angenehm sein.« In diesem Fall können Sie eine neue Haltung einnehmen, die Ihr Leben verändern wird: »Ich habe das Recht, mich zu schützen. Ich muss keine Menschen an mich heranlassen, die mir nicht guttun. Ich muss mit niemandem Zeit verbringen, wenn ich die Begegnung nicht als schön erlebe.«

Das mag egoistisch klingen und natürlich gibt es Ausnahmen von diesem Grundsatz. Eltern dürfen sich nicht von ihrem Kind distanzieren, nur weil sie sich mit seinem Temperament schwertun. Auch eine Krankenschwester darf einen Patienten nicht ignorieren, weil ihr seine Art unangenehm ist. Doch die meisten Beziehungen beruhen auf Freiwilligkeit. Mit wem man zum Beispiel seine Freizeit verbringt, liegt ganz in der eigenen Entscheidung. Beziehungen zu Nachbarn und Kollegen erfordern ein gewisses Maß an Kontakt, aber vertiefen müssen wir sie nur, wenn wir uns mit ihnen auch wohlfühlen. Vielleicht gibt es einen Menschen, dessen Not Sie anrührt, und Sie wollen für ihn da sein, obwohl Sie sich in seiner Gegenwart nicht wohlfühlen. Dann würde ich Ihnen zweierlei raten. Prüfen Sie doch einmal mit einem lebenserfahrenen Gesprächspartner, ob dies wirklich die richtige Aufgabe für Sie ist. Wenn ja, dann sehen Sie es als eine Aufgabe, die Kraft kostet und für die Sie einen Ausgleich brauchen. Wenn nicht, sparen Sie viel Energie, wenn Sie sich taktvoll und vielleicht ganz allmählich aus der Beziehung lösen.

Ein Gedanke könnte Sie motivieren: Für jede unangenehme Beziehung, in der Sie leben, werden Sie Ihre guten Beziehungen strapazieren. Denn Sie müssen negative Erfahrungen verarbeiten und Lösungen für Probleme finden. Schon allein das ist ein guter Grund, nicht in allzu vielen unangenehmen Beziehungen zu stecken. Wenn Sie nach diesem Grundsatz Ihre Beziehung prüfen, werden Sie außerdem mehr Zeit mit angenehmen Menschen verbringen. Das füllt Ihren emotionalen Tank und Ihre Kraftreserven.

Natürlich kann man nicht jedem unangenehmen Menschen aus dem Weg gehen und es kann auch Kraft kosten, sich gegenüber fordernden, kritischen oder bestrafenden Menschen abzugrenzen. Dabei hilft Ihnen der erste Teil des Buches. Auch hinter belastenden Arbeitsbedingungen stehen Menschen. Eine Aufgabe, die wir nicht erledigen, tut uns nichts. Es sind Menschen, die uns Druck machen oder entlasten, die unterstützen oder im Stich lassen, die Verständnis zeigen oder Drohkulissen aufbauen.

In extremen Fällen lassen sich die Strategien des ersten Teils des Buches leichter umsetzen, wenn man sich professionell begleiten lässt. Vielleicht sind die emotionalen Trigger bei bestimmten schwierigen Persönlichkeiten einfach zu stark, um inneren Abstand zu finden und so zu reagieren, wie man es möchte. Doch könnten einen nicht auch Fachleute überfordern? Das wäre möglich. Es gehört deshalb zur Suche nach einer Beratung, Seelsorge oder Psychotherapie, sich nach dem ersten Gespräch zu fragen: »Fühle ich mich hier gut aufgehoben? Stimmt die Chemie? Bin ich in kompetenten Händen?« Wer diese Fragen nicht mit Ja beantwortet und trotzdem weitermacht, schafft sich vielleicht ein weiteres Problem, statt ein bestehendes zu lösen. Besser sucht man einfach weiter.

Ein guter Selbstschutz entsteht nicht von heute auf morgen. Aber jeder Schritt dahin verbessert Ihr Leben und Ihre Beziehungen. Sie kommen seltener in einen Zustand, der die Menschen in Ihrer Umgebung alarmieren könnte und sie hilfsbedürftig wirken lässt. Damit stehen Sie schon am Anfang eines spirituellen Weges.

Gehen Sie einen spirituellen Weg der Einfachheit

Überforderung ist ein Leiden am Zuviel. Man will haben, was man nicht unbedingt braucht. Man muss erreichen, was zum Glück nicht viel beiträgt. Spirituell gedeutet führt Überforderung zu einem Leben, in dem man sich von sich selbst entfremdet: Das Leben, das wir leben, passt nicht zu der Person, als die wir geschaffen wurden. Entfremdung bedeutet, seine Energie in Aufgaben und Ziele zu stecken, die für das eigene Glück nicht nötig sind. Als Entfremdung erleben wir es auch, wenn wir in einem Lebensbereich etwas leisten müssen, was gar nicht in uns angelegt ist, und wenn wir andererseits unsere Begabungen nicht ausspielen können.

Überforderung und Entfremdung rufen auf einen spirituellen Weg der Einfachheit: dankbar das wenige genießen, was es zum Leben braucht; die Umgebung in einer schlichten Schönheit halten; die eigene Kraft dort einsetzen, wo es notwendig ist; in dem kindlichen Vertrauen leben, dass Gott für alles sorgt und in Schwerem trägt. Wer sich auf das Wesentliche konzentriert, findet Kraft, um sich zu entfalten und liebevolle Beziehungen zu leben. In kompromissloser Weise hat das Jesus vorgelebt. Um der Einfachheit Jesu nachzuspüren, versetzen wir uns in eine Schlüsselsituation, in der Jesus die Weichen für sein Leben stellt.

Was Jesus in Bewegung setzen will, ist wahrlich ein Großprojekt. Er will ein Feuer des Glaubens entzünden, das sich über die ganze Welt verbreitet. Nach den Maßstäben moderner Projektplanung scheint das Vorgehen von Jesus nicht besonders zielführend. Er zieht mit einigen wenigen Schülern von Dorf zu Dorf. Hätte er dafür nicht wenigstens Schüler finden können, die wohlhabend, gebildet, angesehen und bestens vernetzt sind? Oder, wenn er schon Menschen wählt, mit denen er bei null anfangen muss, hätten diese nicht wenigstens seinen Auftritt im nächsten Dorf vorbereiten können? Und später die Menschen, die er gewonnen hat, in Jesus-Zentren weiter schulen sollen? Wie sonst soll aus so kleinen Anfängen eine große Bewegung werden?

Doch auf einen solchen Aktionismus hat Jesus verzichtet. Er hat sein Leben einfach gehalten. Nie haben ihn Sachzwänge bestimmt. Nie hat es sich Jesus nehmen lassen, sich in die Stille zurückzuziehen und die Verbindung mit seinem Vater im Himmel zu suchen. Nie war er zu beschäftigt, um sich einem Einzelnen am Wegrand zuzuwenden. Mit seinen wenigen Schülern hat Jesus verschwenderisch viel Zeit verbracht. Etwa drei Jahre lang gab es ungestörte Zeit beim Wandern, beim Rasten, bei den Mahlzeiten. Jesus war Liebe wesentlich. Darauf hat er sein Leben konzentriert. Liebe braucht Zeit.

Ein Großprojekt hätte außerdem erfordert, dass Jesus andere Menschen für seine Ziele einspannt. Er hätte von ihrer Zeit und ihren Kräften zehren müssen. Doch sein einfaches, auf das Wesentliche konzentrierte Leben hat gerade zum Gegenteil geführt: Er hat Menschen immer mehr beschenkt, als sie ihm zurückgeben konnten. Die Einfachheit seines Lebens hat ihn reich an Zeit und Kraft gemacht. So konnte er sich verschenken.

Weniger ist mehr. Auf diese Formel kann man den spirituellen Weg der Einfachheit bringen. Glaubende konzentrieren sich dabei auf die wenigen Dinge, die es für ihr Glück und ihre Sinnerfüllung braucht. Sie bringen den Mut auf, Dinge zu lassen und Nein zu sagen.

Auf diese Weise führt der Glaube in ein einfaches Leben. Er stellt die Liebe in den Mittelpunkt. Er schult ein kindliches Vertrauen in Gottes Fürsorge. Er lädt ein, alles loszulassen, was Menschen auf ihrem Lebensweg beschwert oder ablenkt. Wenn wir die weitere Kirchengeschichte in diesem Blickwinkel betrachten, sehen wir: Alle Heiligen und Glaubensvorbilder haben eines erreicht: ein einfaches Leben, das den Augenblick genießen und sich verschenken kann.

Hat dieses Kapitel eine Sehnsucht geweckt, die Selbstüberforderung hinter sich zu lassen und Ihre Lieben mit mehr Leichtigkeit zu beschenken? Dann nehmen Sie sich eine ungestörte Stunde und gehen Sie den Gedanken dieses Kapitels mithilfe der folgenden Fragen nach.

Analysieren Sie Ihren Stachel

1. Welche der folgenden Verhaltensweisen setzen Sie ein?
   - ☐ Suchen Sie häufig den Rat von anderen?
   - ☐ Geraten Sie schnell aus dem inneren Gleichgewicht?
   - ☐ Gibt es in Ihren guten Beziehungen immer wieder Phasen, in denen Sie mehr nehmen, als Sie geben?
   - ☐ Geraten Sie hin und wieder in Beziehungen, in denen Sie ausgenutzt, abgewertet, verletzt oder in Ihren Bedürfnissen missachtet werden?
   - ☐ Können Sie sich schlecht wehren, wenn andere zu viel von Ihnen verlangen oder nicht fair mit Ihnen umgehen?
   - ☐ Sind Sie häufig erschöpft und müde?
   - ☐ Gibt es Probleme, die Sie schon seit Jahren begleiten?
   - ☐ Nehmen Sie sich so viel vor, dass Sie in Stress oder unter Druck geraten?
   - ☐ Bieten Ihnen andere häufig Hilfe an?
   - ☐ Bevormunden andere Sie manchmal?
   - ☐ Hat Ihnen schon einmal jemand gesagt, Sie seien anstrengend oder kompliziert?
2. Setzen Sie noch weitere Verhaltensweisen ein, die andere alarmieren und in eine Helferrolle bringen?
3. Inwieweit finden Sie sich in dem wunden Punkt wieder, der (meist) hinter dem Stachel *Selbstüberforderung* steht: mit einem Nachteil ins Leben gestartet zu sein und sich beim Versuch überfordern, auch zu erreichen, was Geschwister und später Freunde, Kollegen etc. schaffen, die bessere Startbedingungen hatten?
4. Welche heutigen Situationen rühren an Ihren wunden Punkt aus der Kindheit? Was muss passieren, damit Sie sich selbst überfordern?
5. Rufen Sie sich zwei oder drei Situationen in Erinnerung, in denen Ihr Stachel *Selbstüberforderung* auch andere überfordert hat.

Wie haben Sie diese Situation erlebt? Wie ist es wohl den anderen gegangen?

So überwinden Sie den Stachel *Selbstüberforderung*

1. Halten Sie an einem unerfüllbaren Wunsch fest? Haben Sie Ziele, die Sie nur unter überfordernder Anstrengung erreichen könnten? Entschließen Sie sich hier zum Loslassen.
2. Wo können Sie mit Ihren Ansprüchen an sich selbst barmherziger und maßvoller werden?
3. Welche Menschen stressen Sie gerade? Wie könnten Sie sich hier durch Neinsagen oder Verhandeln besser schützen?
4. Welche Situationen stressen Sie gerade? Was können Sie an diesen Situationen ändern, um sich zu entlasten? Wer könnte Ihnen dabei helfen?
5. Kennen Sie Beispiele für die Einfachheit des Lebens Jesu? Kennen Sie Situationen, in denen Jesus Erwartungen enttäuscht hat? Inwiefern kann das ein Vorbild für Sie sein?
6. Welche fünf Dinge sind für Ihr Glück und Ihre Sinnerfüllung am wichtigsten? Was müssten Sie weglassen, um sich besser auf diese Dinge konzentrieren zu können?

Einschüchtern

Können Sie sich durchsetzen, wenn es darauf ankommt? Beweisen Sie andern manchmal, dass Sie die/der Stärkere sind? Sollte man sich hüten, Ihre Gutmütigkeit auszunutzen? Und gibt es Menschen, die Angst vor Ihnen haben? Wenn ja, dann ist *Einschüchtern* Ihr Stachel.

Es gibt unterschiedliche Strategien, um andere zu beeinflussen. Eine ist sehr direkt: Man flößt anderen Respekt ein, mit anderen Worten: Angst. Wenn *Einschüchtern* Ihr Stachel ist, dann haben Sie gelernt, auf der Klaviatur der Angst zu spielen. Vielleicht ist Ihnen das gar nicht bewusst. Doch wenn Sie unter Druck geraten, lehren Sie andere das Fürchten. Wie das aussehen kann, zeigen folgende Beispiele.

Basta-Politik. »Geht nicht«, sagt Oliver und lacht entwaffnend.
»Aber ich gehe auf dem Zahnfleisch«, beharrt Yasmin. »Bei uns haben sich diese Woche schon zwei Leute krank…«
»Geht nicht«, unterbricht Oliver. Er hält Yasmin die offenen Hände hin, als wollte er zeigen, dass er darin keine Mitarbeiter versteckt hat. Inzwischen sieht er Yasmin böse an. Die ist irritiert, weil Oliver sonst humorvoll und locker ist.
»Irgendwie wird es schon gehen«, hört sich Yasmin sagen, obwohl sie weiß, dass die kommende Woche ein Albtraum wird.

Überlegenheitsdemonstrationen. Christina hält förmlichen Abstand zu ihren Kolleginnen. Schließlich leitet sie den Kindergarten. Wenn es etwas zu besprechen gibt, bittet sie die Kollegin in ihr Büro – Christina ist die Einzige im Team, die eines hat. Wenn eine Kollegin klopft, muss sie einen langen Moment warten, bevor sie hereingebeten wird. Christina legt den dicken Schlüsselbund auf den Schreibtisch, klappt ihr Notizbuch auf und bewaffnet sich mit ihrem eleganten Kugelschreiber, mit dem sie ihre Gesten unterstreicht und auch gerne auf ihr Gegenüber zeigt.
Die übrigen Erzieherinnen sind sich einig, dass dieses Gehabe übertrieben ist. Trotzdem verfehlt es seine Wirkung nicht. Wer vorspricht, fühlt sich wie ein Schulmädchen und manche hat nicht einmal den ersten Satz herausbekommen, ohne sich zu verhaspeln. Christina spricht dann den Satz zu Ende oder fragt, ob die Betreffende dieses oder jenes meint. Aber diese überlegene Freundlichkeit verunsichert nur noch mehr. Christina wird von ihren Kolleginnen mehr respektiert als gemocht. Sie macht ihren Job gut und stellt sich schützend vor ihre Kolleginnen, wenn alles zu viel wird.

Drohen. »Klar können wir den Schrank anschaffen«, sagt Björn zu seiner Frau. »Aber dann können wir im Sommer keinen Urlaub machen. Jedenfalls nicht so, wie du es dir vorstellst.« Sandra will den Schrank schon aufgeben, aber plötzlich stutzt sie: »Moment mal. Wieso denn das? Das ist doch ein Todschlagargument: ›Kein Urlaub‹. Wer bestimmt denn das? Es ist immer das Gleiche: Wenn ich nicht stark und schlagfertig bin, drückt Björn einfach seine Vorstellungen durch. Er findet den Schrank unnötig und macht es mir fast unmöglich, auch eine Meinung dazu zu haben.«

Wie Sie gesehen haben, kann man sich auf unterschiedliche Weise Respekt verschaffen. Andere bekommen es mit der Angst zu tun und geben nach. Das weckt ein Gefühl der Stärke. Es kann erhebend sein, wenn man den anderen zum Schweigen bringt oder unsicher macht. Deshalb sind die negativen Folgen des Einschüchterns nicht immer leicht zu erkennen. Doch es gibt sie.

Erkennen Sie sich selbst

Wenn andere als Verlierer aus dem Gespräch gehen, werden sie vorsichtig. Sie reden und tun mehr hinter dem Rücken eines einschüchternden Menschen. Wenn sie sich doch einmal in einen offenen Konflikt wagen, haben sie sich Verbündete gesucht und sich bis an die Zähne mit Argumenten und vielleicht sogar Drohungen bewaffnet. Im Extremfall entstehen dann Machtkämpfe, die ausgetragen werden, bis eine Seite das Feld räumen muss. Wenn mir Menschen von Mobbing berichten, geht es nur selten um eine Konstellation, in der sadistische Personen auf ein schwaches Glied der Gemeinschaft losgehen. Häufiger eskaliert ein Machtkampf zum Mobbing, bei dem entweder die einschüchternde Person von anderen ausgegrenzt, entmachtet und zum Gehen gedrängt wird oder eine einschüchternde Person genau das jemand anderem zufügt (im Glauben, dass dies die einzig mögliche Gegenwehr sei).

Doch auch wenn es nicht zu Konflikten kommt, hat einschüchterndes Verhalten einen weiteren Nachteil. Denn auch starke Menschen haben das Bedürfnis, verstanden, gemocht und unterstützt zu werden. Doch wer käme auf die Idee, ihnen das zu schenken, wenn jemand so Respekt gebietend auftritt? Menschen mit dem Stachel *Einschüchtern* haben daher oft nur einen kleinen Kreis von Personen, in dem sie sich verletzbar zeigen und geliebt fühlen. Sie verpassen viel Sympathie und Unterstützung, die ihnen auch andere schenken würden. Doch dazu müssten sie den Stachel *Einschüchtern* seltener einsetzen.

Wenn wir über die Nachteile von einschüchterndem Verhalten nachdenken, führt uns das an seine Ursprünge. Es sind besonders zwei Lebenserfahrungen, die autoritäres Verhalten hervorbringen: *»Du darfst nicht schwach sein.«* Und: *»Geht nicht, gibt's nicht!«*

»Du darfst nicht schwach sein.« Raul packt den Arm seines Vaters, bevor ihn die Ohrfeige trifft: »Schlag mich nie wieder.« Rauls Blick und die Spannung in seinem Körper lassen an seiner Entschlossenheit keinen Zweifel. Tatsächlich setzt er heute den Schlusspunkt hinter eine Geschichte vieler Schläge.

Manche Kinder lernen: Wenn ich stark bin, kann ich mich besser schützen. Sie wehren sich gegen Ungerechtigkeit. Sie boxen ihre Wünsche durch, die sonst nie eine Chance auf Erfüllung hätten. Ein Kind, das stark sein will, entdeckt die Schwachpunkte seiner Eltern. Dann kann es Druck ausüben und seine Eltern zum Nachgeben zwingen. Dabei machen sich Kinder hart. Sie ertragen Strafen gleichmütig. Sie halten Spannungen länger stand als das Elternteil, mit dem sie sich angelegt haben. Auch außerhalb der Familie – auf dem Spielplatz, in der Nachbarschaft oder im Kindergarten – entdecken starke Kinder, wie angenehm es ist, gefürchtet zu werden. Manchmal begegnet Kindern auch erst außerhalb der Familie die Härte des Lebens, während sie zuvor geborgen aufgewachsen sind. Auch dann kann ein Respekt gebietendes Verhalten schützen, wenn ein Kind nur robust genug ist.

»Geht nicht, gibt's nicht.« Manche Eltern üben großen Druck aus. Sie schüchtern ihre Kinder ein. Sie hämmern ihnen moralische Normen, Sozialverhalten und Leistungsforderungen ein. Kinder versuchen dann angespannt, den Maßstäben gerecht zu werden. Doch vieles erreicht man nicht allein. Kinder sind aber auf die Hilfe und die Rücksicht an-

derer angewiesen. Um die zu bekommen, entwickeln sie dann selbst dominantes Verhalten. Mit dem gleichen Nachdruck, mit dem Eltern Leistung fordern, fordern sie deren Hilfe bei der Hausarbeit ein oder die Ruhe im Haus. Getriebene Kinder setzen ihre jüngeren Geschwister unter Druck, wenn die ihren Zielen im Weg stehen.

So werden aus Getriebenen Antreiber. Auch in Schule oder Verein werden sie zu Anführern. Wer sie aufhalten will, den lehren sie das Fürchten. Auch dieses Verhaltensmuster setzt sich im Erwachsenenalter fort. Oft hält man sie für die geborenen Führungspersönlichkeiten. Doch wer ihre Härte zu spüren bekommt, zweifelt daran. Erst wenn sich Respekt gebietende Persönlichkeiten auch Mitgefühl und Barmherzigkeit aneignen, sind sie wirklich die Anführer, nach denen wir uns sehnen.

Diese beiden lebensgeschichtlichen Prägungen berücksichtigen wir, wenn wir nun einen Weg der Veränderung suchen.

So überwinden Sie Ihren Stachel

Ein Weg der Veränderung versöhnt Sie mit Ihrer Verwundbarkeit. Er macht Sie zugleich sensibler für die Belastungsgrenzen anderer. Auf diesem Weg finden Sie zu einem Gleichgewicht von Zielstrebigkeit und Barmherzigkeit, Streitbarkeit und Einfühlungsvermögen, Verändern und Hinnehmen.

Wenn ich starke Menschen begleite, offenbart sich eine Sehnsucht: Auch Starke wollen einmal schwach sein. Auch sie brauchen Einfühlung und Verständnis. Besonders in der Paartherapie spüre ich die Enttäuschung des scheinbar übermächtigen Partners: »Immer muss ich stark sein.« Daher schütze ich den starken Partner, zum Beispiel vor Vorwürfen und Überforderung. Dem schwächeren Partner kommt das unlogisch vor. Sollte nicht der Schwächere geschützt werden? Bald wird aber beiden deutlich: Nur wenn sich der starke Partner sicher fühlt, kann er seine Schwäche zulassen und auf Machtmittel verzichten. Jeder Mensch, ob er sich stark oder schwach vorkommt, hat Bedürfnisse, die Verständnis brauchen. Auch der Stärkste hat Belastungsgrenzen.

Oft müssen Sie sich nur ein wenig öffnen, um Ihre Verwundbarkeit in einer guten Weise zu zeigen. Kann man die eigene Verletzbarkeit zeigen, ohne wie ein Schwächling dazustehen oder wie jemand, mit dem man alles machen kann? Dies gelingt mit Sätzen wie diesen:

- »Sie hängen hier die Latte sehr hoch. Das überfordert mich.«
- »Durch das, was du sagst, fühle ich mich angegriffen.«

In aller Regel werden andere Sie daraufhin schützen. Zugleich werden sich andere ebenbürtig fühlen, was noch andere Vorteile mit sich bringt.

Gehen Sie auf Augenhöhe

Starke Persönlichkeiten sind oft überrascht, wenn sie sich bewusst machen: »Mein autoritäres Verhalten ist auch ein Vermeidungsverhalten.« Denn die Durchsetzung erspart den Dialog. Wenn Sie dagegen auf Augenhöhe bleiben und den Konflikt austragen, dann begegnet Ihnen vielleicht eine Angst: »Wird der andere meine Gefühle ignorieren oder meine Interessen mit Füßen treten?« Wer seine Überlegenheit aufgibt, kann sich daher unsicher fühlen. Doch bald stellt sich eine neue Sicherheit ein. Die meisten Menschen sind entgegenkommend und kompromissbereit. Und auch in einem Dialog auf Augenhöhe kann man eine starke Position einnehmen, wenn sich jemand unfair verhält. Wer auf Augenhöhe kommen will, verzichtet auf die Mittel der Einschüchterung: Basta-Politik, Macht- und Überlegenheitsdemonstrationen, Donnerwetter, Drohungen und persönliche Angriffe. Trotzdem bleiben viele Mittel, mit denen Sie Ihre Position stark machen können. Diese stelle ich Ihnen im Folgenden vor.

Selbstöffnung. Beschreiben Sie Ihre Gefühle, Bedürfnisse und Ziele in der jeweiligen Situation. Mehr braucht es oft nicht. Andere werden Ihnen in der Regel entgegenkommen. Menschen sind auf Kooperation angelegt. Kooperieren ist ein sozialer Reflex.

Aushandeln. Berufen Sie sich auf gemeinsame Ziele und versuchen Sie, andere auf dieser Grundlage zu gewinnen. Treffen Sie Absprachen. Erinnern Sie andere an allgemein akzeptierte Regeln der Fairness, Gegenseitigkeit und Kooperation.

Natürliche Konsequenzen. Stellen Sie andere vor die Wahl:

- »Nur mit deiner Unterstützung kann ich mich weiter für das Projekt einsetzen.«
- »Nur wenn du mir hier freie Hand gibst, ist ein Erfolg möglich.«
- »Wenn du mir weiterhin keine Terminzusage machst, gehe ich mit einem Zorn aus unserem Gespräch, weil ich mich hingehalten fühle. Das möchte ich nicht.«

Natürliche Konsequenzen sind keine Drohungen. Sie beschreiben nur die Folgen, die das Verhalten eines anderen hat. Eine Drohung dagegen übertreibt die Folgen oder kündigt an, sie in willkürlicher Weise selbst herbeizuführen.

Abgrenzung. Sagen Sie Nein. Bieten Sie Alternativen an zu dem, was Sie nicht geben oder tun wollen. Setzen Sie ausdauernd Grenzen, aber versuchen Sie nicht, die Wünsche anderer im Keim zu ersticken. Das schafft ein Gleichgewicht der Kräfte: Bitten und Wünschen ist erlaubt, Nein sagen aber auch.

Diese vier Mittel – Selbstöffnung, Verhandeln, natürliche Konsequenzen und Abgrenzung – ermöglichen eine faire Selbstbehauptung. Das folgende Beispiel zeigt, wie das gelingen kann:

Marco führt eine Buchhandlung. Er sitzt mit einer Mitarbeiterin zusammen, die ihrem Stress Luft macht: »Wir brauchen unbedingt noch eine zweite Kraft. Nachmittags und samstagvormittags. Die Kunden werden nervös, wenn sie warten, und ich werde es auch.«
Doch Marco ist klar: Eine weitere Mitarbeiterin gibt der Umsatz einfach nicht her. Er spürt eine Spannung in seinem Körper und merkt, wie er sich mit Argumenten bewaffnet: Wenn er seinen Laden zumachen muss, verlieren drei Menschen ihren Job. Wenn Karin wissen will, was Stress ist, soll sie sich doch einmal woanders im Einzelhandel einstellen lassen. Marco spricht diese Drohungen nicht aus. Er zwingt sich erst einmal zum Zuhören: »Welche Situationen waren besonders hart für Sie?« Nun redet

sich Karin von der Seele, was sie in den letzten Wochen erlebt hat. Marco legt offen, dass der Umsatz für eine weitere Mitarbeiterin nicht ausreicht. Ob er sonst etwas für Karin tun kann? Karin sagt: »Es wird schon gehen. Ich kann es schon verstehen, wenn kein Geld für mehr Personal da ist. Aber vielleicht kann ich ja ein paar mehr Stunden arbeiten. Dann ist schon manches erledigt, bevor die Kunden kommen. Das würde mich entspannen.« Mit dieser Ausweitung der Arbeitszeit ist Marco einverstanden. Das hat er sich in der letzten Adventszeit auch schon überlegt.

Entdecken Sie die Tugend der Barmherzigkeit

Barmherzigkeit sieht mitfühlend auf die Schwächen anderer. Sie akzeptiert, dass andere ihre Begrenzungen und Fehler haben. Sie sieht hinter Überreaktionen und Fehlverhalten die Bedrängnis eines anderen, die dazu geführt hat. Wie das praktisch wird, zeigt ein Beispiel aus der Paartherapie:

Bernhard greift seine Frau Agnes weiter an, obwohl sie bereits weint und sich entschuldigt. Doch ihm gehen ihre Zugeständnisse nicht weit genug. Sie scheint noch nicht ausreichend verstanden zu haben, worum es ihm geht.
»Darf ich Sie hier einmal unterbrechen?«, mische ich mich ein. »Was glauben Sie, wie es Ihrer Frau gerade geht?«
Bernhard macht eine wegwischende Bewegung und will seinen Angriff fortsetzen. »Moment bitte«, beharre ich: »Was macht das mit Ihrer Frau? Wie geht es ihr wohl gerade?«
Bernhard blickt auf seine Schuhe. Agnes schluchzt. Ich warte.
»Besonders gut geht es ihr offensichtlich nicht. Aber ich ...«
»Können Sie mir das noch genauer sagen?«, hake ich ein.
Bernhard sieht auf Agnes' feuchte Augen, die ihn in einer Mischung aus Furcht und Versöhnlichkeit anblicken. »Ich weiß: Sie fühlt sich unter Druck gesetzt.«
»Okay?«
»Sie fühlt sich wahrscheinlich zerrissen zwischen mir und unserem Sohn.«

»Ja. Was empfinden Sie im Augenblick für Ihre Frau?«
»Ich weiß, worauf Sie hinauswollen. Ja, ich kann sie schon irgendwie verstehen.«
Bernhard wird weicher. Im weiteren Gespräch macht er Agnes weniger Druck. Es entsteht ein Dialog.

Barmherzigkeit mit den Schwächen anderer entschärft viele Situationen. Sie baut Beziehungen auf, in denen es möglich ist, sich auch einmal schwach zu zeigen. Andere beantworten das oft positiv. Die Härte wird dann überflüssig.

Man kann Barmherzigkeit zu einer spirituellen Übung machen.

Gehen Sie einen spirituellen Weg des Machtverzichts

Der Stachel *Einschüchtern* hat uns zu dem Thema Macht geführt. Hier ruft der Glaube auf einen Weg des Machtverzichts. Natürlich gibt es die beschämende Machtlosigkeit von benachteiligten Menschen, die sich nicht wehren können. Diese Machtlosigkeit kann nicht beschönigt werden, auch nicht durch den Glauben. Sie erfordert die Solidarität der Menschen, die Macht haben und die den Machtlosen beistehen können. Es gibt aber auch einen Verzicht auf Macht, der Liebe und Vertrauens ermöglicht.

Wenn es einen allmächtigen Gott gibt, der alles geschaffen hat, dann hat er ein Problem: Wie soll er Kontakt zu seinen Geschöpfen aufnehmen? Wie soll er sich ihnen nähern, ohne ihnen Angst zu machen? Wenn Gott beim Menschen nicht sklavische Unterwerfung wecken will, sondern eine selbstbewusste Liebe, wie sollte er dann vorgehen? Es gibt hier vermutlich eine Antwort: Gott muss seine Macht aus der Hand legen.

In allen Religionen ist der Glaube auch von Angst bestimmt. Wenn Gott sich nach der biblischen Überlieferung einem Menschen zeigt, spricht er oft zuerst: »Fürchte dich nicht!« Im Horizont dieses Kapitels kann Jesus Christus als Gottes Entschluss zur Machtlosigkeit gedeutet werden. Nichts an Jesus schüchtert ein. Er führt keine Machtmittel mit sich. Seine Autorität als »Sohn Gottes« kann man leicht als Unsinn wegwischen. Nichts an Jesu Worten und Verhalten wäre so zwingend, dass sich Menschen deshalb vor ihm beugen müssten. Wenn Menschen Jesus nachfolgen, tun sie das nicht aus Angst. Sie öffnen sich ihm aus eigener Überzeugung und freiwilliger Liebe. Leider ist die Kirche hier nicht immer dem Vorbild Jesu gefolgt. Kirchen und auch Elternhäuser vermitteln den Glauben manchmal einschüchternd. Dann gehen Angst und Glaube eine Verbindung ein, die quälend ist. Menschen gehen dann lange Wege, bis sie ihren Glauben wieder von Angst befreien. Oder sie trennen sich mitsamt dem Glauben von ihrer Angst.

An das Prinzip des Machtverzichts muss Jesus seine Jünger immer neu heranführen. Im Lukasevangelium wird berichtet, dass Jesus seine Jünger vorausschickt, um für eine Unterkunft zu sorgen. In einem Dorf werden sie nicht aufgenommen. Die Jünger ersehnen ein göttliches Machtwort: »Herr, willst du, so wollen wir sagen, dass Feuer vom Himmel falle und sie verzehre« (Lk 9,54). Aber Jesus weist sie zurecht und zieht lieber in ein anderes Dorf.

Die gottgewollte Machtlosigkeit prägt Jesus seinen Anhängern auch in einem eindrücklichen Bild ein: »Siehe, ich sende euch wie Schafe mitten unter die Wölfe« (Mt 10,16).

Menschen, die auf Macht verzichten, gewinnen manchmal doppelt. Sie sichern sich die gute Beziehung und erreichen trotzdem ihr Ziel. Natürlich gibt es Verantwortlichkeiten, in denen man sich im Zweifelsfall durchsetzt, zum Beispiel als Vorgesetzte oder Elternteil. Aber manchmal zeigt sich Liebe im Verzicht auf Macht. Dann wiegt die Freiheit eines andern mehr als die Sache, um die es geht. Dann bringt ein Kompromiss, in den jemand einwilligt, mehr als das, was man nur durch Druck durchsetzen könnte. Langfristig gewinnt oft die Liebe und die beschränkt sich auf sanfte Mittel der Beeinflussung. Liebe muss nicht siegen, ihr ist es genug, dass sie liebt.

Spirituell gesehen willigt ein Machtverzicht in den Machtverzicht Gottes ein. Gott könnte seine Geschöpfe wie Marionetten tanzen lassen. Er könnte sie wie Tiere dressieren, die sich einer Übermacht von Belohnung und Strafe nicht entziehen können. Aber offenbar zielt Gott nicht auf den ängstlichen Gehorsam ab. Er möchte Liebe wecken, selbst um den Preis, dass sich Menschen dem Guten verweigern. Das kann auch im Alltag ein Vorbild sein.

Hat dieses Kapitel Ihre Sehnsucht geweckt, eine übertriebene Stärke hinter sich zu lassen? Dann nehmen Sie sich eine ungestörte Stunde und gehen Sie den Gedanken dieses Kapitels mithilfe der folgenden Fragen nach.

Analysieren Sie Ihren Stachel

1. Welche der folgenden Verhaltensweisen setzen Sie ein?
   - ☐ Setzen Sie manchmal eine herausfordernde Körpersprache ein (eine überlegene körperliche Präsenz, einen herausfordernden Blick oder kämpferische Gesten)?
   - ☐ Gibt es Menschen, die Angst vor Ihnen haben?
   - ☐ Kommen Ihnen andere oft übertrieben empfindsam vor?
   - ☐ Ziehen Sie manchmal rote Linien, die andere nicht zu überschreiten wagen?
   - ☐ Überrumpeln Sie andere manchmal?
   - ☐ Sprechen Sie manchmal ein Machtwort?
   - ☐ Lassen Sie Konflikte manchmal eskalieren, bis der andere nachgibt?
   - ☐ Lassen Sie andere auch einmal deren Unterlegenheit spüren?
   - ☐ Erkennen Sie die Schwachpunkte anderer sofort?
   - ☐ Drohen Sie anderen manchmal?
   - ☐ Fordern Sie andere manchmal heraus, um deren Stärke und deren wahres Gesicht einzuschätzen?
2. Setzen Sie noch weitere Verhaltensweisen ein, durch die Sie anderen Respekt einflößen?
3. Inwieweit trifft der wunde Punkt auf Sie zu, der (meist) hinter dem Stachel *Einschüchtern* steht: die Erfahrung, dass Schwäche und Verletzbarkeit von anderen ausgenutzt werden – die Erfahrung, dass man um jeden Preis stark sein muss?
4. In welchen Situationen wird Ihr wunder Punkt aus der Kindheit wieder aktiviert? Was genau muss passieren, damit Sie Ihren Stachel *Einschüchtern* ausfahren?
5. Rufen Sie sich zwei oder drei Situationen in Erinnerung, in denen Ihr Stachel *Einschüchtern* anderen Angst gemacht hat. Wie haben Sie diese Situation erlebt? Wie ist es wohl den anderen gegangen?

So überwinden Sie den Stachel *Einschüchtern*

1. Schulen Sie Ihr Vertrauen. Teilen Sie die Menschen, mit denen Sie zu tun haben, in zwei Kategorien ein: (weitgehend) vertrauenswürdig – nicht vertrauenswürdig. Wenn in der zweiten Kategorie mehr als 30 Prozent Ihrer Bezugspersonen liegen, haben Sie ein Problem mit Misstrauen. Überprüfen Sie die Zuordnung mithilfe anderer.
2. Wie können Sie sich vertrauenswürdigen Menschen mehr öffnen? Wie könnten Sie auch Ihre Schwäche und Ihre verletzbaren Seiten zeigen? Welche Reaktion erwarten Sie?
3. Unterscheiden Sie: einschüchternde Kommunikation – faire Kommunikation. Finden Sie für beides Beispiele, die Sie bei sich kennen.
4. Gehen Sie einen spirituellen Weg des Machtverzichts. Warum ist Jesus wohl so machtlos aufgetreten, wenn er wirklich Gottes Sohn war? Was hat er damit bezweckt? Inwiefern könnte das ein Vorbild für Sie sein?
5. Wie hat Jesus trotz seiner Schwäche große Autorität gewonnen? Fallen Ihnen dazu Beispiele aus der Bibel ein? Wie könnte Ihr Weg zu einer guten, spirituellen Autorität aussehen?

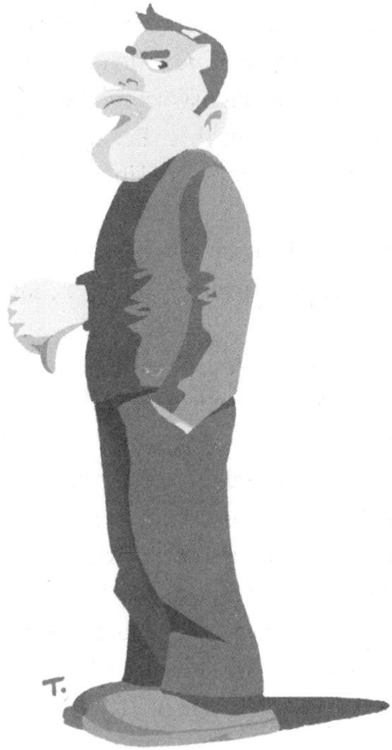

Abwerten

Fallen Ihnen die Schwachpunkte anderer sofort auf? Haben Sie schnell eine kritische Analyse zur Hand? Urteilen Sie manchmal zu hart? Erkennen Sie hinter dem Verhalten anderer fragwürdige Motive? Dann könnte *Abwerten* Ihr Stachel sein.

Abwerten heißt, jemanden schlechter zu machen, als sie oder er ist. Meist werden andere dabei an überhöhten Maßstäben gemessen. Wer dahinter zurückbleibt, erscheint dann unzureichend. Darin unterscheidet sich eine Abwertung von konstruktiver Kritik. Diese legt an andere nur einen Maßstab an, dem sie auch gerecht werden können. Sie würdigt auch das Positive und fügt einen kritischen Punkt in ein Gesamtbild ein.

Wo die Grenzen zwischen einer hilfreichen Kritik und einer Abwertung verlaufen, kann man unterschiedlich sehen. In den folgenden Beispielen allerdings liegen eindeutige Abwertungen vor.

Drastische Urteile. Kopfschüttelnd blickt der Redaktionsleiter seine Praktikantin an. »Ich sage es Ihnen jetzt einfach mal ganz ehrlich. In meinen vielen Berufsjahren habe ich so etwas noch nicht erlebt. Sie arbeiten so unselbstständig. Ich kann Ihnen doch nicht jeden Arbeitsschritt vorkauen.«
Die Praktikantin ringt mit der Fassung, um nicht in Tränen auszubrechen. Zum Glück hat eine Redakteurin zugehört. Sie fasst die Praktikantin an der Schulter und beruhigt ihren Chef. »Axel, bei mir hat Hannah die Recherche richtig gut erledigt. Sie ist doch erst drei Wochen hier, das wird schon.«

Negative Charakterzuschreibung. Inzwischen haben es ihr schon zwei Freundinnen zugetragen: Natalia findet sie bequem. Es stimmt, sie ist nicht ganz so ehrgeizig und umtriebig wie Natalia. Aber bequem ist sie ganz bestimmt nicht. Was fällt Natalia ein? Warum muss sie sich so zum Maß aller Dinge machen?

Moralische Verurteilung. Dennis sieht seinen Sohn missbilligend an. »Kannst du dir gar nicht vorstellen, wie es dem Benjamin geht, wenn du ihm einfach seine Sachen wegnimmst? Du bist doch nicht allein auf der Welt.«
Dennis' Sohn erstarrt und sieht mit leerem Blick vor sich hin. Dennis legt ihm die Hand auf die Schulter: »Wir verlangen doch gar nicht viel von dir. Ein bisschen Mitgefühl und darauf achten, wie es dem anderen geht. Das kann doch nicht so schwer sein.«

Abwertungen beruhen auf einem Fehler. Sie setzen die Schwächen eines anderen absolut. Sie messen andere an ihrem schlechten Tag oder an einer Situation, in der sie sich unvorteilhaft verhalten haben. Auch wenn eine Einschätzung in einer Situation richtig ist: Sobald man sie verallgemeinert, wird sie ungerecht. Andere erleben die negativen Urteile daher als verletzend, kränkend und niederschmetternd.

Erkennen Sie sich selbst

Das Wort »Kränkung« trifft wohl am besten, was Menschen erleben, wenn sie abgewertet werden. Abwertungen verletzen das Selbstwertgefühl. Sie machen auch traurig, weil man vor dem anderen so schlecht dasteht. Unsere Seele reagiert auf eine Kränkung etwa so wie unsere Haut, wenn ein Holzsplitter in sie eindringt. Einem kurzen Schmerz folgt eine Entzündungsreaktion, die mit dem Fremdkörper fertigwerden und ihn loswerden möchte. Die Entzündung schmerzt und lenkt die Aufmerksamkeit immer wieder auf die verletzte Stelle. Auch unsere Seele fühlt nach einer Abwertung einen Schmerz. Dann versucht sie, das negative Urteil wieder loszuwerden, und arbeitet sich so an der Kränkung ab. Auf diese Weise kann die Kränkung noch eine ganze Weile wehtun.

Wenn Sie andere manchmal abwerten, sind Ihnen diese Folgen sicher nicht bewusst. Menschen reden selten über ihre Kränkung und darüber, wie lange sie eine Bemerkung noch beschäftigt hat. Ob andere gekränkt sind, können Sie an deren Reaktion ablesen. Viele verteidigen sich oder gehen zum Gegenangriff über. Wenn Sie überraschend angegriffen werden, könnte das daran liegen, dass Sie jemanden zu kritisch behandelt haben. Sensible Menschen dagegen entwickeln eine Angst vor Ihnen. Denn sie leiden lange an einer Kränkung und fürchten daher, wieder mit einer Kritik konfrontiert zu werden.

Wenn Abwertungen so viele Nachteile haben, warum eignet man sie sich dann als Schutzmechanismus an? Es sind vor allem drei Erfahrungen, in denen überkritisches Verhalten wurzelt. Manche Menschen waren als Kinder Bezugspersonen ausgeliefert, die selbst nicht mit dem Leben zurechtkamen, andere wurden in ihren Bedürfnissen ignoriert oder in ihrem Selbstwert verletzt.

Bezugspersonen ausgeliefert, die selbst mit dem Leben nicht zurechtkommen. Als Therapeut habe ich schon viele Geschichten über unzureichende Eltern gehört: Kinder standen an ihrer Schule und wurden nicht abgeholt, obwohl dies vereinbart war. Kinder haben Rat gesucht und ihn bei den Eltern nicht gefunden. Kinder litten unter Hänseleien in der Schule und den Eltern ist nie aufgefallen, wie betrübt sie über Wochen gewesen sind. Ein Vater war schon mit einfachen handwerklichen Arbeiten überfordert und hat dabei geflucht. Eine Mutter war offensichtlich unfähig, die jüngeren Geschwister gut zu erziehen: Mal hat sie alles durchgehen lassen, mal hat sie übertriebene Strafen ausgesprochen.

Jedes Kind braucht Eltern, die mit dem Leben zurechtkommen und ihr Kind sicher ins Leben geleiten. Wenn das Bedürfnis nach fähigen Eltern frustriert wird, entsteht eine Mangelprägung, die auch noch beim Erwachsenen Folgen hat: Betroffene reagieren dann stark auf Situationen, in denen sie mit dem Unvermögen eines anderen konfrontiert sind. Dann startet ein Kopfkino und spielt den alten Film ab: »Ich bin unfähigen Menschen ausgeliefert.« Dabei verzerrt sich die Wahrnehmung. Das Unvermögen erscheint schwerwiegender, als es in der Situation heute tatsächlich ist.

In den eigenen Bedürfnissen ignoriert. Manche Kinder leiden, weil ihre Eltern nicht auf sie reagieren. Kinder zeigen ihre Gefühle. Sie drücken Bedürfnisse aus und äußern Wünsche. Aber es kommt wenig zurück. Ihre Eltern wirken abwesend und zerstreut. Sie vertrösten ihr Kind: »Später.« Manchmal hören Kinder auch eine selbstbezogene Antwort: »Du siehst doch, dass ich gerade im Stress bin.« Auf diese Mangelerfahrung reagieren Kinder je nach Temperament unterschiedlich. Manche entdecken aber: »Wenn ich mich oder mein Anliegen drastisch ausdrücke, bringe ich meine Eltern doch zu einer Reaktion.« Wenn ein Kind dann behauptet, nicht geliebt zu werden oder dass es dem Hund der Nachbarsfamilie besser geht als ihm, ist das drastisch genug, um die Aufmerksamkeit eines Elternteils zu gewinnen, das mit sich selbst beschäftigt ist. Auch später dienen abwertende Übertreibungen dann als Notlösung, wenn man sich in seinen Bedürfnissen ignoriert fühlt.

Im Selbstwert verletzt. Der Selbstwert von Kindern wird verletzt, wenn Eltern ihrerseits Abwertungen einsetzen: »Stell dich doch nicht so dumm an!« – »Das machst du nur, um mich zu ärgern.« – »Du machst das ja noch wie ein Kindergartenkind.« Bei Kindern löst das ein Gefühl aus, schlecht und unzureichend zu sein. Zugleich wecken Abwertungen auch den Zorn. Kinder bemerken im Alltag schnell, dass auch ihre Eltern nicht vollkommen sind. Sie werten ihre Eltern ab, um sich nicht allein schlecht zu fühlen. Was bei Kindern tastend beginnt, reift in der Pubertät zur Meisterschaft: Jugendliche lassen ihre Eltern dumm dastehen, indem sie deren Schwächen bloßstellen. Diese Fähigkeit verlieren sie auch als Erwachsene nicht. Weil sie zudem eine Wunde im Selbstwert haben, kommen sie sich selbst schnell abgewertet vor und schlagen dann zurück.

Werten Sie manchmal ab und finden Sie sich trotzdem in keiner der beschriebenen Prägungen wieder? Dann könnte es sein, dass Sie Abwertungen als Mittel der Einschüchterung gebrauchen. Deren Hintergründe finden Sie im Kapitel über das Einschüchtern. Außerdem kann eine gezielte Abwertung auch eine Rache sein.

Vielleicht haben die Überlegungen dieses Kapitels Ihren Wunsch geweckt, weniger kritisch zu sein. Dann können Sie sich auf einen Weg der Veränderung machen.

So überwinden Sie Ihren Stachel

Wer an den Fehlern und Mängeln seiner Bezugspersonen gelitten hat, tut sich auch heute schwer, die Unvollkommenheit anderer anzunehmen. Doch heute ist vieles anders, als es damals – in der Kindheit – war. Wir sind unabhängiger und können anders auf die Schwächen unseres Gegenübers reagieren. Menschen, die ihren Stachel *Abwertung* überwinden wollen, brauchen eine Haltung wie diese: »Andere dürfen auch einmal meine Bedürfnisse übersehen und mich enttäuschen. Es ist in Ordnung, wenn andere an die Grenzen ihrer Fähigkeiten oder ihres Charakters stoßen, selbst wenn das für mich einmal unangenehme Folgen hat. Es darf auch vorkommen, dass mich jemand in meinen Absichten und Fähigkeiten verkennt. Denn trotz aller Unvollkommenheiten kann ich glücklich sein, die meisten meiner Ziele zu erreichen, und erfüllte Beziehungen leben. Das hilft mir, mit dem Frieden zu schließen, was in meinem Umfeld nicht in Ordnung ist.«

Wer will, kann sich für diese Haltung entscheiden. Der Alltag wird dann zu einer Schule der Gelassenheit, in der man immer wieder ein Ja zur Unvollkommenheit einübt. Am besten lenkt man dabei die Wahrnehmung auf die Qualitäten und positiven Seiten seiner Mitmenschen. Geben Sie anderen für ihre Schwächen und Begrenzungen keine Schuld, sondern üben Sie sich in Akzeptanz. Sehen Sie die Zukunft als Chance, mit anderen auch gute Erfahrungen zu machen und sich nach Schwierigkeiten besser aufeinander einzuspielen. Falls andere auf sehr unreife Weise mit ihren Fehlern und Schwächen umgehen – vor allem Blender und Energieräuber –, finden Sie im ersten Teil des Buches, wie Sie sich schützen können.

Eine weitere Hilfe entdecken wir, wenn wir uns die Maßstäbe bewusst machen, die wir an andere anlegen.

Nehmen Sie am anderen Maß

In unserer ersten Reaktion machen wir uns selbst zum Maß aller Dinge. Unsere Gefühle zeigen an, was *uns* stört, was *uns* bedroht oder was *uns* herabsetzt. Wir bewerten andere anhand dessen, was wir für gut und richtig halten. Wir messen andere an Zielen, die *wir* für erreichbar halten. Aus diesem Blickwinkel erscheint unser eigenes Tun gut, während das anderer unter Umständen unvernünftig, unangemessen oder unmoralisch erscheint.

Es hilft daher, wenn wir die Perspektive wechseln. Dann betrachten wir die Situation von den Gefühlen, Werten und Zielen des andern her. Der Redaktionsleiter in unserem Beispiel hat seine Praktikantin als unselbstständig verurteilt. Sie selbst allerdings blickt anders auf die Situation. Ihre Fragen und Rückversicherungen drücken Respekt aus: »Ich bin hier neu. Ich möchte nicht einfach loslegen, sondern mich erst einmal daran orientieren, wie es hier gehandhabt wird.« Die Praktikantin bräuchte vielleicht nur eine Ermutigung, um auf ein eigenverantwortliches Arbeiten umzuschalten.

Der Sohn, der dem kleinen Bruder etwas weggenommen hat, ist noch zu klein, um eine Regel ständig im Bewusstsein zu haben. In einem ausgelassenen Moment ist er einem spontanen Impuls gefolgt. Mal beherzigt er Regeln selbst, mal braucht er Eltern, die an eine Regel erinnern. Das ist kindgemäß. Wer einem Kind gerecht werden will, darf es nicht an erwachsenen Maßstäben messen.

Um am anderen Maß zu nehmen, muss man den eigenen Standpunkt nicht aufgeben. Es reicht, wenn man den Standpunkt des anderen auch versteht. Dann entsteht eine Basis, auf der man reden, Verständnis finden und Kompromisse schließen kann. Manchmal ist es genau umgekehrt: Eine Person zeigt keine Einfühlung in Ihre Situation und nimmt Ihren Standpunkt nicht ein. Dann fügt sie Ihnen eine Kränkung zu, die Sie wiederum zu einer überkritischen Reaktion reizen könnte.

Wenn andere uns kränken, dann hat das mehr mit deren Stressreaktion zu tun als mit uns persönlich. Wir können üben, Kränkungen nicht persönlich zu nehmen. Unser Image – das Bild, das andere von uns haben – kann ein paar Kratzer vertragen. Wer sie akzeptiert, kann nicht nur auf Abwertungen verzichten, sondern er wirkt souverän. Er wird sich schneller wieder auf die schönen Dinge einlassen oder seinen Aufgaben zuwenden.

Wie Sie reagieren können, wenn Sie auf schädliche Weise abgewertet werden, finden Sie im ersten Teil des Buches. Manchmal muss man seinen guten Ruf schützen, damit man das Vertrauen anderer nicht verliert. Wer einer kränkenden Unterstellung um der Sache willen widerspricht, wird mehr erreichen, als wenn er seinen Gegner seinerseits abwertet.

Unvollkommenheit fordert uns in vielerlei Hinsicht heraus. Sie kann zum Ausgangspunkt eines spirituellen Weges werden.

Gehen Sie einen Weg des Vertrauens

Wenn wir andere mit den Augen des Glaubens betrachten, dann sehen wir das Beste in ihnen, ihr Potenzial und ihre Möglichkeiten zum Guten. Der biblische Schöpfungsbericht zeigt den Grund dafür: Nach dem Bild Gottes sei der Mensch geschaffen (Genesis 1,27). Im Menschen finden sich die gleichen Eigenschaften, die auch Gottes Sein bestimmen. Sie bleiben, auch wenn sich ein Mensch vor seiner Verantwortung drückt, ungute Ziele verfolgt oder sich sogar für das Böse entscheidet. Das Potenzial, das Gott in den Menschen gelegt hat, geht nicht verloren. Es kann sich jederzeit entfalten.

Das christliche Menschenbild sieht den Menschen außerdem in der Einflusssphäre guter und böser Kräfte, die ihn umgeben. Je nachdem, welchen Einflüssen sich ein Mensch öffnet, bereichert ein Mensch seine Mitmenschen oder er bereitet ihnen Schwierigkeiten. Diese Sicht ist dynamisch, sie legt den Menschen nicht ein für alle Mal fest. Sie lässt die Möglichkeit offen, dass sich ein anderer bereits im nächsten Moment für das Gute entscheidet.

Diese Sichtweise ist Jesus so wichtig, dass er sie vielfach in seiner Lehre verankert hat. »Macht euch nicht zum Richter über andere! Verurteilt einander nicht!«, fordert Jesus seine Anhänger wiederholt auf. Einen Grund dafür erklärt er in einem Gleichnis (Mt 13,24 ff.). Ein Bauer hat ein Feld bestellt. In der Nacht kommt sein Feind und sät Unkraut unter die Saat. Irgendwann bemerken das die Knechte des Bauern. Sie fragen, ob sie das Unkraut ausreißen sollen. Aber der Bauer hält sie zurück: »Nein, denn ihr würdet mit dem Unkraut auch den Weizen herausreißen.« Alles soll bis zur Ernte wachsen, dann erst kann man das eine vom anderen unterscheiden. Wer zu früh urteilt, tut auch dem Guten Gewalt an. Oft ist es besser, kein Urteil zu fällen und eine Offenheit zu bewahren, wie sich Dinge entwickeln. Im Zusammenhang mit unserem Thema können wir die Worte von Jesus vielleicht so übertragen: »Kritisiere nie den Charakter, die Fähigkeiten oder Absichten eines anderen, denn damit könntest du abwerten, was wertvoll ist in Gottes Augen. Akzeptiere das Nebeneinander von Gutem und Ungutem. Mit Gottes Hilfe kann man damit fröhlich leben.«

Vielleicht kennen Sie Lebensgeschichten, in denen ein Mensch sein Leben radikal verändert hat. Ein Mann überwindet seine Alkoholabhängigkeit. Eine Frau wirft sich nicht mehr jedem Mann in die Arme. Ein Mann hat die Familie vernachlässigt und wendet sich ihr wieder zu. Eine Frau war ganz in Bitterkeit gefangen und öffnet sich wieder dem Leben. Als Psychotherapeut habe ich schon viele solcher Geschichten gehört. In allen fiel irgendwann ein Satz wie dieser: »Es gab einen Menschen, der trotz allem an mich geglaubt hat. Andere hatten mich schon aufgegeben, aber sie/er hat mir noch etwas zugetraut.« Das Vertrauen anderer hat Betroffenen geholfen, an sich zu glauben. Dies ist das Gegenteil einer Abwertung: ein Vertrauen auch gegen die augenblickliche Lebensrealität eines Menschen.

Menschen, die gelegentlich abwerten, haben das Vertrauen verloren. Es ist das Urvertrauen, dass Menschen so für einen da sein können, wie man es braucht. Schon Kinder machen Erfahrungen, die dieses Vertrauen angreifen oder vielleicht sogar zerstören. Damit geht oft auch das Vertrauen zu Gott verloren. Denn er ist es, der für uns sorgt – durch andere Menschen, Lebensumstände und Fügungen. Oder sorgt Gott auch manchmal nicht? Menschen machen schon früh Erfahrungen, die das Vertrauen in Gott zerbrechen lassen. Auf einem Weg des Glaubens erneuert sich das Vertrauen. Dabei überprüfen Menschen ihre Wahrnehmungen und entdecken: »Ja, Gott hat nicht so für mich gesorgt, wie ich es mir vorgestellt habe. In der Enttäuschung darüber habe ich Zeichen seiner Liebe und Führung übersehen, denen ich nun neu vertrauen möchte.«

Das Vertrauen des Glaubens ist dabei nicht naiv. Es weiß, dass Menschen egoistisch und böse sind. Es rechnet damit, dass es manchmal bei Gott suchen muss, was Menschen einem schuldig bleiben. Es hält sich für eine gute Zukunft offen. Es gibt nie einen Menschen ganz auf. So weckt es manchmal das Beste im anderen, statt den andern auf schlechte Eigenschaften festzulegen.

Hat dieses Kapitel eine Sehnsucht geweckt, der Unvollkommenheit anderer auf neue Weise zu begegnen? Dann nehmen Sie sich eine ungestörte Stunde und gehen Sie den Gedanken dieses Kapitels mithilfe der folgenden Fragen nach.

Analysieren Sie Ihren Stachel

1. Welche der folgenden Verhaltensweisen setzen Sie ein?
   - ☐ Wenn ich unter Stress bin, spreche ich harte Urteile aus.
   - ☐ Ich bin manchmal ein Moralapostel.
   - ☐ Ich entdecke bei anderen manchmal schlechte Absichten und spreche dies auch aus.
   - ☐ Ich erkenne Fehler und Charaktermängel bei anderen schnell.
   - ☐ Manchmal analysiere auf eine Weise, bei der andere nicht gut wegkommen.

- ☐ Ich mache andere auf Mängel aufmerksam, auch wenn sie insgesamt etwas Gutes geleistet haben.
- ☐ Manchmal kann ich verletzend ironisch sein.
- ☐ Manchmal stelle ich die Fehler und Schwächen anderer mit Bemerkungen bloß.
- ☐ Ich wünsche mir oft, dass Menschen, die mir nahestehen, besser werden.
- ☐ Ich reagiere gereizt auf Fehler anderer, wenn diese sich leichtsinnig und unaufmerksam verhalten.
- ☐ Man hat mir schon einmal gesagt, ich sei arrogant oder würde mich über andere stellen.

2. Setzen Sie noch weitere Verhaltensweisen ein, durch die sich andere übertrieben kritisiert oder abgewertet fühlen?
3. Inwieweit trifft der wunde Punkt, der (meist) hinter dem Stachel *Abwerten* steht, auf Sie zu: die Kindheitserfahrung, dem Unvermögen oder der mangelnden Einfühlung einer Bezugsperson ausgeliefert zu sein? Welche heutigen Situationen rufen dieses Gefühl hervor? Und stellen Sie dann manchmal den Stachel der Abwertung auf?
4. Rufen Sie sich zwei oder drei Situationen in Erinnerung, in denen Ihr Stachel *Abwerten* andere verletzt, gekränkt oder unter Druck gesetzt hat. Wie haben Sie diese Situation erlebt? Wie ist es wohl den anderen gegangen?

So überwinden Sie den Stachel *Abwerten*

1. Trainieren Sie Ihre Wahrnehmung. Wo haben Sie von unvollkommenen Menschen Gutes erfahren?
2. Rufen Sie sich eine Situation in Erinnerung, in der Sie den Stachel *Abwerten* ausgefahren haben. Können Sie auch bei dieser Person ein Bemühen, Verständnis, Hilfsbereitschaft oder sogar Liebe Ihnen gegenüber erkennen? Vielleicht in anderen Situationen?
3. Notieren Sie hier die Schwächen von wichtigen Menschen in Ihrem Leben. Wo wollen Sie Annahme und Toleranz dafür üben?
4. Dass unachtsames und unfähiges Verhalten anderer ihr Selbstwertgefühl verletzt, ist Ihnen vermutlich nicht immer bewusst.

Spüren Sie dem einmal nach. Rufen Sie sich unachtsame oder unfähige Verhaltensweisen anderer in Erinnerung und spüren Sie einmal genau, wie es Ihnen damit geht. Halten Sie die Gefühle hier fest.

5. Führen Sie sich die Menschen vor Augen, denen gegenüber Sie manchmal den Stachel *Abwerten* einsetzen. Falls es sich bei diesen Menschen nicht um einen schwierigen Menschen handelt: Wo könnten Sie einen Vertrauensvorschuss schenken? Wie könnten Sie Ihre Bedürfnisse in einer Weise zeigen, dass es der oder die andere versteht?

Vermeiden

Ziehen Sie sich zurück, wenn es unangenehm wird? Zögern Sie manchmal lange, bevor Sie notwendige Schritte gehen? Schränken Sie Ihr Leben aus Vorsicht ein? Dann könnte Ihr Stachel das Vermeiden sein. Er scheint sich nur auf das eigene Leben auszuwirken. Doch er betrifft auch andere mehr, als man ahnt. Das zeigen die folgenden Beispiele.

Rückzug. Friederike würde ihrer Schwester gerne manches sagen, worunter sie in der Beziehung leidet. Aber das traut sie sich kaum noch. Denn nach dem letzten Versuch hat sich die Schwester lange zurückgezogen. Irgendwann meldet sich Lisa wieder und ist ganz herzlich. Dann ist offenbar Gras über die Sache gewachsen und Lisa fühlt sich wieder sicher. Friederike weiß, dass sie selbst keine Heilige ist. Lisa dürfte ihr sagen, wenn sie etwas stört. Aber wenn man über schwierige Dinge nicht sprechen darf, dann wird die Beziehung oberflächlich. Friederike fühlt sich ihren Freundinnen viel näher als ihrer eigenen Schwester.

Aufschieben. Julia hat ein ungutes Gefühl, als sie den Brief vom Finanzamt öffnet. Ein Zwangsgeld bis zu 25.000 Euro, wenn wir die Steuererklärung nicht bald abgeben? Am Abend hält sie Heiko das Schreiben unter die Nase. Heiko zuckt mit den Schultern: »Das ist dieses Jahr so was von kompliziert. Da brauche ich einen ruhigen Kopf.«
»Das sind doch Ausreden«, sagt Julia gereizt. »Über die Feiertage hast du stundenlang unsere Urlaubsvideos geschnitten. Da hättest du doch Ruhe gehabt.«
Heiko schaut schuldbewusst. Nach einem Moment des Schweigens erklärt sich Julia: »Weißt du, es kostet mich Kraft, unter einer solchen Spannung zu leben. Ich bin in letzter Zeit immer mit einem schlechten Gefühl zum Briefkasten gegangen. Außerdem ist es mir peinlich, wenn wir die Steuer nicht hinkriegen. Das schaffen andere doch auch.«

Weigerung. »Gitti, wir sind doch beide unzufrieden, wie es hier läuft. Wenn wir gemeinsam zum Chef gehen, dann wird sich bestimmt etwas ändern.«
»Denkst du?«, zögert Gitti.
»Was soll denn passieren?«, fragt Ingrid. »Schlimmstenfalls stellt er sich stur.«
»Ich mache so etwas nicht gerne.«
»Ich kann ja reden«, bietet Ingrid an. »Aber wenn wir beide kommen, hat das ein anderes Gewicht.«
»Ich würde lieber noch etwas abwarten«, sagt Gitti schnell.

»Manchmal ändert sich ja von allein etwas.«
Ingrid wird wütend. »Was soll sich denn ändern? Die letzten drei Jahre ist doch alles nur noch schlimmer geworden.«
Gitti zuckt mit den Achseln und lächelt schuldbewusst.

Erkennen Sie sich selbst

In den Beispielen hat sich gezeigt, wie andere auf den Stachel *Vermeidung* reagieren. Sie reagieren enttäuscht, verletzt oder wütend. Das motiviert, sich auf den Weg zu machen und nach besseren Möglichkeiten zu suchen. Beginnen wir mit den Ursachen: Wie kommt es, dass manche Menschen etwas ängstlicher sind als andere? Folgende Kindheitsgeschichten untergraben das Vertrauen in sich und die Welt.

Ein Mangel an Hilfe und Rückhalt. Jeder Mensch kommt als schutz- und hilfsbedürftiges Wesen zur Welt. Ein Kind braucht verlässliche Bezugspersonen, die es schützen und die ihm in Schwierigkeiten beistehen. Wenn es geschützt wird, baut es ein Urvertrauen auf. Manche Eltern nehmen die Gefühle ihres Kindes nicht gut wahr, sie können es deshalb auch nicht gut unterstützen. Andere Eltern überfordern und bringen ein feinfühliges Kind in Situationen, denen es noch nicht gewachsen ist. Dann entwickelt ein Kind eine Vorsicht. Es lernt, Situationen aus dem Weg zu gehen, die es überfordern könnten.

Als Erwachsene können wir uns besser schützen. Wir sind weniger auf andere angewiesen und können uns zur Not allein durchbeißen. Wenn uns einer im Stich lässt, können wir uns außerdem an andere wenden. Doch wer eine entsprechende Prägung hat, ist sich dessen nicht sicher. Sein Verhalten wird auch heute manchmal von Angst bestimmt.

Erlernte Hilflosigkeit. Manche Kinder werden zwar ausreichend geschützt und unterstützt. Trotzdem entwickeln auch sie Ängste. Denn es gibt noch ein zweites Fundament, auf dem das Selbstvertrauen steht. Es ist die Erfahrung, selbst etwas bewirken zu können: Man mag in eine schwierige Situation kommen, findet dann aber auch eine Lösung. Man wird von anderen nicht immer gut behandelt, lernt aber, sich zu wehren. Wenn Kinder aber andere Erfahrungen machen, klingt auch ihre Überzeugung anders:

- »Da kann man nichts machen.«
- »Er macht doch, was er will, da habe ich nichts zu sagen.«

Wie entsteht das, was die Psychologie »Erlernte Hilflosigkeit« nennt? Manchmal einfach durch das Lernen am Modell. Dann haben Eltern selbst das Gefühl, nichts bewirken zu können. Diese Lebenseinstellung geben sie an ihre Kinder weiter. Darüber hinaus beobachten Kinder, dass Eltern vermeiden, statt sich einer Herausforderung zu stellen. Ihre Kinder lernen dann am Modell sowohl die Angst als auch die Vermeidung.

Aber Eltern können auch selbst zur Ursache von Hilflosigkeit werden: Dominante Eltern nehmen ihren Kindern den Einfluss aus der Hand. Manipulative Eltern verwirren die Gefühle und Wahrnehmungen ihrer Kinder. Sie geben ihren Kindern das Gefühl, etwas anderes zu wollen, zu sehen und zu fühlen, als sie es in Wahrheit tun. Kinder passen sich dann an, statt auf der Grundlage ihrer eigenen Vorlieben, Sichtweisen und Gefühle zu handeln. Kinder, die so geprägt sind, nehmen die Dinge nicht mehr selbst in die Hand. Sie lassen die anderen machen und werden so zum Spielball anderer. Ein Kind, das keinen Einfluss zu haben glaubt, wird vorsichtig. Es lässt sich lieber nicht auf Ungewisses ein und geht unangenehmen Situationen aus dem Weg.

Die Erfahrung von Aggression. Wieder andere Kinder haben allen Grund, sich zu fürchten. Sie sind dem Jähzorn, den Schlägen, der Willkür oder den bösen Worten ihrer Eltern ausgeliefert. Kinder entwickeln dann ausgeprägte Antennen für Gefahren. Sie nehmen schon leichte Spannungen wahr und ziehen sich dann lieber zurück. Neben der leicht erkennbaren Aggression gibt es die subtilere Aggression, die sich mit guten Absichten tarnt. Ein Elternteil erzwingt zum Beispiel einen Kuss, obwohl sich ein Kind sichtlich dagegen sträubt. Eine Mutter fragt aufdringlich nach den persönlichsten Dingen. Ein Vater lässt nicht zu, dass sich ein Kind zurückzieht, wenn es ihm zu viel wird. Aggressive Nähe verbaut die Fluchtwege. Kindern bleibt dann nur der innere Rückzug. Sie gehen emotional auf Abstand, wo sie es mit ihrem Körper nicht können. Auch das setzt sich im Erwachsenenalter fort. Man bleibt innerlich distanziert und unabhängig. Wo es zu nah zu werden droht, begibt man sich lieber auf die Flucht. Wo das in einer Paarbeziehung auftritt, spricht man von Bindungsangst.

So führen verschiedene Prägungen zu Angst und die Angst führt wiederum zu Vermeidungsverhalten. Ein Weg der Veränderung setzt deshalb bei der Angst an.

So überwinden Sie Ihren Stachel

Angst ist Teil Ihres Alarmsystems. Sie hindert Sie daran, Ihr Leben aufs Spiel zu setzen, etwa im Straßenverkehr. Angst hat Sie vielleicht gehindert, Drogen zu nehmen oder zu stehlen. Sie hat Sie davor bewahrt, sich in die Nähe unheimlicher Menschen zu begeben. Angst hat daher eine wichtige Funktion. Sie schützt uns und verhilft uns zu klugen Entscheidungen.

Allerdings bestimmt Ihre Lebensgeschichte, wie Ihr Alarmsystem eingestellt ist. Wenn Sie sich in diesem Kapitel wiederfinden, ist Ihre seelische Alarmanlage empfindlich. Sie warnt schon bei kleinen Gefahren. Außerdem hört sich der Alarm so laut und dringlich an, dass Sie gar nicht in Ruhe überprüfen können, ob es sich vielleicht um einen Fehlalarm handelt. Die Fluchtreaktion setzt dann schneller ein als eine Überprüfung der Lage.

Auf dem Weg der Veränderung lernen Sie, Ihr Alarmsystem neu einzustellen. Außerdem lernen Sie, wie Sie Herausforderungen annehmen und sich trotzdem schützen können.

Lernen Sie, sich zu schützen

Wo Sie bisher vermieden haben, da fehlt Ihnen vermutlich die Übung darin, sich auf andere Weise zu schützen. Doch wie gelingt es, sich auf gute Weise zu schützen? Das betrachten wir zunächst für Beziehungen und später für Aufgaben.

In Beziehungen kann man sich von folgenden Erfahrungen bedroht fühlen:

- aggressivem Verhalten ausgesetzt sein;
- eine zudringliche Nähe erleben;
- ausgenutzt, erpresst, getäuscht werden;

- verletzt, beschämt oder abgewertet werden;
- beschuldigt werden;
- abgelehnt, missachtet oder im Stich gelassen werden.

Wenn wir mit solchen Erfahrungen umgehen wollen, brauchen wir vor allem drei Fähigkeiten: Nein sagen und Grenzen setzen, das Klären von Erwartungen und die Korrektur von Katastrophengedanken.

Nein sagen und Grenzen setzen. Auch wenn Sie mitfühlend und engagiert sind, müssen Sie anderen nicht jeden Wunsch erfüllen. Jeder, der sich in Beziehungen öffnen will, braucht diese Sicherheit: »Ich darf auch einmal Nein sagen. Zur Not kann ich auch dann bei meinem Nein bleiben, wenn es einem anderen nicht gefällt.« Diese Schlacht wird zuerst in Ihrem Herzen gewonnen. Wenn Sie selbst von Ihrem Nein überzeugt sind und den Mut aufbringen, es nötigenfalls zu verteidigen, dann gelingt der Rest vergleichsweise leicht. Das zeigt auch folgendes Beispiel.

Nicole hat sich zu einem Nein durchgerungen, auch wenn es ihr noch ein wenig Schuldgefühle macht. Als introvertierter Mensch braucht sie nicht so viel Kontakt wie ihre Freundin Marla. Die meldet sich oft und ist enttäuscht, wenn Nicole das nicht auch tut. Nicole fasst sich ein Herz und spricht es offen an: »Marla, wenn wir uns alle ein, zwei Wochen sehen, finde ich das total schön. Die Freundschaft zu dir bereichert mich sehr. Aber mehr kann ich dir nicht versprechen. Manchmal brauche ich einfach Zeit für mich oder andere Dinge. Sei mir also nicht böse, wenn ich mich mal eine Woche lang nicht melde.«
Nicole spürt, dass Marla ihr Rückzugsbedürfnis nicht ganz verstehen kann, aber sie akzeptiert Nicoles Grenze und beschwert sich nicht mehr, wenn eine kurze Funkstille herrscht. Nicole bekommt dann selbst wieder Lust, sich zu melden. Seit dieser Aussprache fühlt sie sich nicht mehr bedrängt.

Nicht immer läuft es so glatt wie in diesem Beispiel. Wenn Ihr Nein einen wunden Punkt trifft, können andere auch einmal mit einem Vorwurf reagieren oder Druck ausüben. Das auszuhalten, ist der Preis für ein Nein, den man manchmal bezahlen muss. Die Stressreaktion anderer geht vorüber. Manchmal kommt später ein Signal, dass es o.k. ist. Wer anderen nicht jeden Wunsch erfüllen muss und auch mal einen Unmut aushalten kann, fühlt sich in Beziehungen sicher. Eine andere Art von Bedrohung geht von Aufgaben aus. Diese könnten uns

- überfordern, erschöpfen oder auf Dauer sogar krank machen;
- in eine Blamage führen;
- Schuld- und Versagensgefühle machen, wenn wir einer Verantwortung nicht so gerecht werden, wie wir es von uns selbst erwarten.

Wenn das zu Vermeidung führt, können zwei Strategien helfen.

Erwartungen klären. Fragen Sie einfach Ihre »Auftraggeber« – Kollegen, den Chef, Ihre Familie, Freunde oder Nachbarn: »Was wäre dir wichtig? Was wollen wir erreichen? Was machen wir, wenn Schwierigkeiten auftreten? Könnten wir auch mit einem Teilerfolg leben?« Dabei bemerken Sie, ob andere realistische Erwartungen haben. Oft werden Sie Sätze wie diesen hören: »Mach dir keine Gedanken. Fang einfach an. Wenn es läuft, dann läuft es. Wenn es Probleme gibt, dann schauen wir einfach gemeinsam, wie es weitergeht.« Realistische Erwartungen werden Ihnen Sicherheit geben.

Nur gelegentlich werden Sie feststellen: »Da hat jemand überzogene Erwartungen.« Dann stehen Sie einem Beziehungsproblem gegenüber. Hier können Sie die Strategien des vorangegangenen Abschnitts einsetzen: Nein sagen, Grenzen setzen und zur Not aushalten, wenn das jemandem nicht gleich gefällt.

Entkatastrophisierung. Ein weiterer Selbstschutz hat nicht mit anderen zu tun, sondern mit Ihnen selbst. Manchmal muss man sich vor der eigenen Stressreaktion schützen. Wenn Sie sensibel für Gefahren sind, dann stehen Ihnen Szenen von möglichen Katastrophen vor Augen: Sie verhaspeln sich bei der Präsentation und kommen ins Stottern; Sie legen bei der Installation eines Programms den ganzen Computer lahm; das Ihnen anvertraute Kind stürzt und verletzt sich.

Entkatastrophisierung beginnt mit der Frage: Wie wahrscheinlich ist denn, dass so etwas eintritt? Ist Ihnen – oder Menschen in Ihrem

Umfeld – schon einmal etwas Vergleichbares passiert? Und falls ja: Wie viele Fälle kennen Sie, in denen es gut gegangen ist?

Bei vielen Situationen hilft es auch, die Katastrophe zu Ende zu denken. Was wäre denn, wenn ich mich tatsächlich verfahre und der Zeitplan durcheinanderkommt? Hätten die anderen nicht Verständnis für eine Verspätung? Was wäre, wenn ich bei der Präsentation tatsächlich den Faden verliere und ins Stottern komme? Würden die Kolleginnen und Kollegen nicht aufmunternd nicken und mir mit einer Frage aus der Verlegenheit helfen? Meist sind die Konsequenzen gar nicht so schlimm, selbst wenn die befürchtete Katastrophe eintritt.

Natürlich gibt es auch Ereignisse, die wirklich eine Katastrophe wären. Dann hilft folgende Einstellung, die Sie bei Bedarf einmal in eigenen Worten ausdrücken könnten: »Leben bedeutet immer: ein Restrisiko eingehen. Im Auto kann man schwer verunglücken. Schon wer die Straße überquert, könnte sterben. Aber will ich deshalb zu Hause bleiben? Natürlich nicht. Auch andere Restrisiken kann ich auf mich nehmen, um schöne Dinge zu erleben, andere zu erfreuen und meine Ziele zu erreichen.« Die katastrophalen Szenen im Kopfkino lassen sich manchmal durch positive Szenen ersetzen, z. B. wie die jugendliche Tochter am nächsten Tag ganz glücklich von der Party erzählt. Dabei lenkt man seine Aufmerksamkeit von den Katastrophengedanken zu positiven Bildern, die realistischer sind.

In diesem Abschnitt haben Sie bewährte Strategien kennengelernt, durch die man sich sicherer fühlt. Dann stellt sich der Stachel *Vermeiden* seltener auf. Wenn Sie noch weiter gehen, begeben Sie sich auf einen spirituellen Weg. Auf diesem entdecken Sie ein Vertrauen, das bis in die Tiefe Ihrer Persönlichkeit reicht.

Gehen Sie einen Weg der Selbstüberwindung

Angst beeinflusst Menschen. Manchmal übernimmt sie sogar die Kontrolle: Wir wären gerne mutiger, doch am Ende lassen wir uns von der Angst bestimmen. Was so mächtig ist, braucht eine kraftvolle Entgegnung. Die Antwort des christlichen Glaubens ist so radikal, dass sie ihrerseits Angst wecken könnte. Doch auf den zweiten Blick kann man ihr befreiendes Potenzial entdecken.

Jesus gebraucht ein Bild, das ebenso einladend wie beunruhigend ist: »Ich sage euch: Wenn das Weizenkorn nicht in die Erde fällt und stirbt, bleibt es ein einzelnes Korn. Wenn es aber stirbt, bringt es viel Frucht« (Joh 12,24). Für Jesus selbst hat dieses Bild eine wörtliche Bedeutung. Er stirbt am Kreuz und erfährt erst in der Auferstehung Gottes verwandelnde, Leben schenkende Kraft. Doch das Bild hat auch eine übertragene Bedeutung: Es gibt auch einen Tod auf einer spirituellen Ebene, der Menschen von Fesseln des Selbsterhaltungstriebes befreit. Er befähigt zur Liebe, zu verantwortungsvollem Einsatz und zum Widerstand gegen das Böse.

Wenn uns der Selbsterhaltungstrieb hindert, auf der Autobahn zu rasen, dann dient er uns. Aber wenn er uns hindert, liebevolle Bindungen einzugehen oder eine Verantwortung wahrzunehmen, dann schadet uns die vermeintliche Selbsterhaltung. Dieser ängstliche und selbstbezogene Persönlichkeitsanteil muss sterben, sagt der Glaube, und wird dadurch eine Verwandlung erfahren. Ein Glaubensweg beinhaltet daher eine Sterbehilfe für jenen Teil des menschlichen Wesens, den die biblische Überlieferung den »alten Menschen« nennt. Er soll dem »neuen Menschen« Platz machen, der aus Gott lebt und zu jenem Maß an Selbstlosigkeit fähig ist, die echte Liebe und echten Einsatz benötigen. Auch Glaubende, die mit einer persönlichen Bekehrung einen Neubeginn erlebt haben, entdecken: Das Loslassen der Selbstbezogenheit ist auch ein Prozess, der sich Tag für Tag neu vollzieht. Am Beispiel von Ehrlichkeit und Schritten im Vertrauen lässt sich das veranschaulichen.

Ehrlichkeit. Wenn die Motive für das eigene Verhalten offenliegen, verlieren sie ihre Macht: »Ich weiß, dass ich mich dieser Aufgabe stellen sollte. Ich werde an andern schuldig, wenn ich mich hier drücke. Mein Wohl ist mir offensichtlich wichtiger als das des anderen. Die Angst hat mich im Griff. Ich bin hier nicht Herr meiner selbst.«

Ehrlichkeit zieht einen bilanzierenden Schlussstrich unter das alte Leben. Das nutzen zum Beispiel die Anonymen Alkoholiker. Eine Alkoholabhängigkeit hat in vielfacher Weise mit Angst zu tun. Oft wird der Alkohol genutzt, um Angst zu lösen. Dementsprechend verursacht der Gedanke Panik, auf Alkohol zu verzichten. Auch ein Entzug ist oft von starker Angst begleitet. Das 12-Schritte-Programm beginnt mit einem Schritt der schonungslosen Ehrlichkeit: »Wir gaben zu, dass wir dem Alkohol gegenüber machtlos sind – und unser Leben nicht mehr meistern konnten.« Hier werden alle Lebenslügen und Beschönigungen begraben. Aber aus der Asche eines zerstörten Lebens erhebt sich der Phönix eines Neubeginns.

Eine kapitulierende Ehrlichkeit kann folgende Themen haben: Abhängigkeit und Kontrollverlust, innere Bindungen an Menschen und Dinge, die Sicherheit geben; Schuld, Verantwortungsflucht und Untreue; schädliche Ersatzbefriedigungen; Kontrolle und Manipulation anderer Menschen. All dies sind Abgründe der menschlichen Existenz, in die uns die Angst treibt. Die christliche Praxis der Beichte weiß: Veränderung beginnt, wo sich Menschen ihrem Dunkel stellen. Gleichzeitig geschieht sie in einem Schutzraum: vertraulich mit einem Gegenüber, das um die eigenen Abgründe weiß und dem nichts Menschliches fremd ist. Wer dann Neues wagt, spürt, dass er nicht allein ist. Gott wird oft besonders intensiv erlebt, wo Menschen ganz ehrlich werden und sich dem stellen, was eine ungute Macht über ihr Leben gewonnen hat.

Ehrlichkeit versetzt all dem den Todesstoß, was nicht funktioniert, was uns nicht weiterbringt, was uns, unseren Lieben und der Entfaltung unseres Lebens schadet. Ehrlichkeit begräbt unsere Illusionen. Sie schafft Raum für Neues, auch wenn wir zunächst nicht immer wissen, was genau das Neue sein wird. Glaubende nehmen es aus Gottes Hand.

Den Punkt überschreiten, an dem es keine Rückkehr mehr gibt. Angst zögert. Sie bleibt stehen und hält sich alle Möglichkeiten offen. Wer dagegen im Vertrauen losgeht, lässt einiges hinter sich zurück. Auch das gleicht einem Tod von Möglichkeiten und Sicherheiten. Doch wer stehen bleibt, verpasst auch das Gute und versäumt auch, was er beitragen kann. In der Begleitung von Menschen zeigt sich immer wieder: Die Angst ist im Moment während des Zögerns am größten, sobald man einmal losgeht, richtet sich der Blick auch auf das Gute, auf das man zugeht. Auch alltägliche Situationen können so zu einem spirituellen Weg werden.

Manche Entscheidungen schaffen eine Situation, die Fluchtwege abschneidet. Eine Mail an den Chef zum Beispiel, die ungute Zustände benennt, bricht in eine Auseinandersetzung auf, die sich den Rückweg abschneidet. Man hat Position bezogen. Nun ist ein Problem auf dem Tisch, dem man bislang aus dem Weg gegangen ist. Man muss durch die Angst gehen. Oft ist das einfacher als erwartet. Wenn der Verstand nicht mehr mit den Fluchtmöglichkeiten befasst ist, kann er sich auf die Bewältigung einer Situation konzentrieren.

Ehrlichkeit und ein mutiger erster Schritt lassen Sie aus einer Sicherheitszone heraustreten. Ihr Selbsterhaltungstrieb wird vielleicht mit Angst reagieren. Doch wenn Sie trotzdem tun, wovon Sie überzeugt sind, dann sterben die selbstbezogenen, ängstlichen Triebkräfte. Sie erleben eine Verwandlung, durch die verborgene Qualitäten ans Licht kommen.

Hat dieses Kapitel eine Sehnsucht in Ihnen geweckt, Herausforderungen anzunehmen? Dann nehmen Sie sich eine ungestörte Stunde und gehen Sie den Gedanken dieses Kapitels mithilfe der folgenden Fragen nach. Mit Angst und Unsicherheit sollte keiner allein bleiben. Vielleicht finden Sie eine Person, mit der sie später Ihre Gedanken und Fragen teilen können.

Analysieren Sie Ihren Stachel

1. Welche der folgenden Verhaltensweisen setzen Sie ein?
   - ☐ Gehen Sie Konflikten aus dem Weg?
   - ☐ Legen Sie sich nicht gerne fest?
   - ☐ Ziehen Sie sich zurück, wenn es Spannungen gibt?
   - ☐ Sitzen Sie Probleme manchmal aus?
   - ☐ Wirken Sie distanziert, weil Sie sich nicht gerne auf Nähe einlassen?
   - ☐ Schieben Sie unangenehme Aufgaben manchmal auf?
   - ☐ Neigen Sie manchmal zur Flucht, wenn Situationen zu schwierig werden?
   - ☐ Haben Sie eine Angst wie diese: vor dem Fliegen, vor weiten Reisen, vor engen Räumen, vor Arztbesuchen, vor fremden Menschen oder davor, öffentlich zu sprechen?
   - ☐ Geraten Sie unter Stress, wenn unerwartete Probleme auftauchen?
   - ☐ Haben sich andere schon über Ihren Rückzug oder Ihre Verschlossenheit beklagt?

☐ Haben sich andere von Ihnen schon im Stich gelassen gefühlt, weil Sie aus Unsicherheit eine Aufgabe nicht erledigt haben?

2. Setzen Sie noch weitere Verhaltensweisen ein, die von Angst bestimmt sind?
3. Inwieweit finden Sie sich in dem wunden Punkt wieder, der (meist) hinter dem Stachel *Vermeidung* steht: die Kindheitserfahrung, in Gefahren nicht geschützt zu werden, oder Bezugspersonen, die mit ihrer übertriebenen Angst anstecken?
4. Wann treten heute Situationen auf, die zu Angst und Vermeidung führen?
5. Rufen Sie sich zwei oder drei Situationen in Erinnerung, in denen Ihr Stachel *Vermeiden* andere enttäuscht hat. Wie haben Sie diese Situation erlebt? Wie ist es wohl den anderen gegangen?

So überwinden Sie den Stachel *Vermeiden*

1. Welche Situationen und Menschen haben in der Vergangenheit zu Recht Ihre Angst geweckt, weil sie schädlich und gefährlich waren? Halten Sie hier zwei oder drei Beispiele fest.
2. Auf welche Situationen und Menschen haben Sie mit Angst reagiert, obwohl Sie stark genug waren, die Herausforderung zu bewältigen?
3. Wo ist es Ihnen schon einmal gelungen, sich gut zu schützen, ohne eine Situation zu vermeiden (zum Beispiel, indem Sie einen Konflikt ausgetragen, unrealistische Erwartungen enttäuscht, Grenzen gesetzt, sich erfolgreich gewehrt oder gut verhandelt haben)?
4. Wie könnten Sie Ihre Fähigkeit, sich zu schützen, weiterentwickeln?
5. Kennen Sie die spirituelle Erfahrung, dass sich Ihre Persönlichkeit erst richtig entfaltet, wenn Sie Ihr Ich loslassen? Halten Sie hier ein oder zwei Beispiel fest. Haben Sie Vorbilder, die Ihnen Selbstüberwindung in guter Weise vorleben?
6. Wie unterscheiden Sie eine spirituell reife Selbstüberwindung von selbstschädigendem Verhalten (zum Beispiel einer Opferrolle oder einer Selbstüberforderung, die ins Burn-out führt)?

Bestrafen

Lassen Sie es andere spüren, wenn Sie unfair behandelt werden? Können Sie verletzend werden, wenn Sie selbst verletzt sind? Spielen Sie manchmal mit der Fantasie, eine Beziehung abzubrechen? Oder haben Sie im Zorn schon schlecht über andere geredet? Dann könnte Bestrafen Ihr Stachel sein.

Rache ist die Macht der Ohnmächtigen. Wir alle geraten in Situationen, in denen andere uns nicht gut behandeln. Darauf kann man unterschiedlich reagieren. Eine Möglichkeit ist: dem schaden, der mir schadet – den verletzen, der mich verletzt. Viele gehen damit nicht so weit, dass man ihr Verhalten Rache nennen würde. Deshalb werde ich den Stachel dieses Kapitels Bestrafen nennen. Doch auch Bestrafungen sind nicht angesehen. Wer andere trotzdem bestraft, tut das unauffällig. Was sich dabei abspielt, zeigen die folgenden Beispiele.

Schlechtes Reden. Als sie mit ihrem Chef gesprochen hat, ist Jenny zufrieden. Sie hat ziemlich Dampf abgelassen. Jenny ist Zahnarzthelferin. Ihr Chef hat kürzlich einen jungen Zahnarzt eingestellt. Von ihm fühlt sich Jenny herumkommandiert. Am nächsten Tag beobachtet Jenny, wie sich der junge Zahnarzt betont freundlich verhält. Na bitte.
»Oh, das kann aber auch schiefgehen«, erschrickt Jennys Freundin als sie davon erfährt. »Stell dir vor, er wird sauer, dass du die Dinge nicht direkt mit ihm besprichst. Dann hast du ihn vielleicht zum Feind.«

Persönliche Angriffe. »Deine Freunde sind dir wichtiger als ich!«, sagt Marlene zornig. Das versetzt Nico einen Stich, weil es ungerecht ist und überhaupt nicht stimmt. Außerdem würde das Marlene in einem ruhigen Moment nie so vertreten. Gut, vielleicht hätte Nico Marlene etwas früher über die Verabredung informieren sollen. Aber ist das ein Grund, ihn gleich so anzugreifen?

Gekränkter Rückzug. Leon bleibt demonstrativ weg, als sich die anderen zur Frühstückspause zusammensetzen. »Lass ihn«, sagt Daniela. »Wir sind doch nicht im Kindergarten. Der kriegt sich schon wieder ein.«
»Das kann ich nicht«, antwortet Ramona. »Ich kriege nichts runter, wenn so dicke Luft ist. Frag doch mal, was los ist.«
»Ich?«, empört sich Daniela. »Was habe ich denn verbrochen?«
»Weiß nicht«, sagt Ramona. »Aber irgendeinen Grund wird Leon schon haben.«

Etwas gezielt verweigern. »Sag mal, warum lässt du Nils nicht mit dem Dienstwagen fahren? Der ist doch frei und es ist total umständlich mit dem Zug.« Yuri wiegt den Kopf und lächelt: »Nils hat mir in der Besprechung ans Bein gepinkelt mit seinen ständigen Bedenken. Jetzt ist mal Schluss. Wenn er sich anständig verhält, soll er wieder fahren.«

So süß die Rache für den einen ist, so bitter ist sie für den anderen. Betroffene fühlen sich verletzt, gekränkt und unfair behandelt. Manchmal kommt es zu einem Teufelskreis gegenseitiger Bestrafungen. Doch auch wenn andere aus Angst vor Strafe zuvorkommend sind, hat das Nachteile. Denn Probleme werden nicht mehr offen besprochen und können nicht geklärt werden. Konflikte schwelen vor sich hin und können das Klima vergiften.

Schließlich verstößt Rache gegen die zwischenmenschlichen Spielregeln. In allen Beispielen setzen sich die Strafenden ins Unrecht. Nicht immer bleibt das unbemerkt. Dann gehen mit der Zeit Rückhalt und Vertrauen verloren. Es gibt also viele Gründe, den Stachel *Bestrafen* abzulegen und sich auf andere Weise zu schützen. Ein Veränderungsweg beginnt, wenn Sie den Grund erkennen, der den Stachel hervorgebracht hat.

Erkennen Sie sich selbst

Es sind vor allem die Erfahrungen von Ohnmacht, die Kinder nach der Macht der Machtlosen greifen lassen: die Ohnmacht, schlecht behandelt zu werden; die Ohnmacht, im Stich gelassen zu werden; und die Ohnmacht, beherrscht zu werden.

Die Ohnmacht, schlecht behandelt zu werden. Manche Kinder müssen Willkür ertragen. Eltern reagieren ihre Spannungen an ihrem Kind ab. Sie strafen hart und unvorhersehbar. Abhängig von ihren Launen erlauben oder verbieten sie. Kinder macht das wütend. Doch wenn es zu gefährlich ist, den Zorn zu zeigen, taucht er als Groll in den Untergrund ab. Kinder entdecken bald ein verbotenes, aber lustvolles Gefühl: Schadenfreude. Vielleicht ist es die heimliche Freude über Missgeschicke des willkürlichen Elternteils. Später entdeckt ein Kind, wie es Eltern selbst wehtun kann: durch Verschlossenheit, Ablehnung, Leistungsverweigerung, schlechten Umgang, ein provozierendes Äußeres, verbotenes und anstößiges Verhalten. Eltern tut das weh und sie fragen sich: »Womit habe ich das verdient?« Mit unserem Hintergrundwissen könnten wir antworten: »Durch Ihre Rücksichtslosigkeit, mit der Sie auf den Gefühlen Ihres Kindes herumgetrampelt haben.« Doch Eltern merken das nicht. Auch den Kindern ist es nicht bewusst. Später als Erwachsene werden sie immer noch empfindsam auf Machtausübung reagieren – wenn die zu willkürlich wirkt, fahren Sie den Stachel der Bestrafung aus.

Die Ohnmacht, im Stich gelassen zu werden. Es ist vielleicht die existenziellste Erfahrung von Ohnmacht: Ich brauche jemanden und plötzlich ist sie oder er nicht für mich da. Darauf kann man unterschiedlich reagieren, zum Beispiel mit Grenzüberschreitungen. Aber auch die strafende Aggression macht es Bezugspersonen schwerer, ein Kind im Stich zu lassen.

Schon Kinder können Aggression so ausdrücken, dass sie die Aufmerksamkeit ihrer Bezugspersonen weckt: wütender Protest, verzweifelte Wutanfälle, Vorwürfe, gekränkter Rückzug oder demonstrative Ablehnung. Kinder können ihre Eltern auf diese Weise zwingen, dass sie ihnen Zuwendung geben: »Was ist denn jetzt schon wieder?« Eine Nähe suchende Aggression kann sich dann auch später Bahn brechen, wenn sich Menschen im Stich gelassen fühlen.

Die Ohnmacht, beherrscht zu werden. Schließlich werden manche Kinder von einem Elternteil dominiert. Sie erleben Zwang, Einschüchterung, Erpressung oder die Manipulation ihres Gewissens. Dagegen wehren sich Kinder normalerweise. Aber wenn sich Eltern dann umso härter durchsetzen, bleibt Kindern nichts anderes übrig, als sich zu unterwerfen. Der unterdrückte Impuls nach Auflehnung sucht sich dunkle Kanäle: scheinbare Versehen wie Vergesslichkeit oder Missgeschicke treffen Eltern da, wo es wehtut; Verweigerung zielt auf die wunden Punkte der Eltern ab: Schulversagen, Unordnung, eine Vernachlässigung des Äußeren. Die Verweigerung trägt einen Zermürbungskrieg aus, den auch ein dominantes Elternteil verlieren muss. Wenn ich erlebe, wie verweigernde Kinder ihre tyrannischen Eltern quälen, empfinde ich ein sadistisches Vergnügen: »Recht so!« Auch wenn die Dominanz von Eltern nicht so stark ausgeprägt ist wie in den beschriebenen Beispielen, können Kinder passiv-aggressive Verhaltensweisen entwickeln, die übermächtige Bezugspersonen durch Verweigerung bestrafen.

So können unterschiedliche Erfahrungen ein Grundgefühl der Ohnmacht wecken. Hier finden wir den Ausgangspunkt, wenn wir einen Weg der Veränderung suchen.

So überwinden Sie Ihren Stachel

Wer andere bestraft, sieht Situationen durch eine Brille der Ohnmacht. Wer diese absetzt, entdeckt: »Ich habe mehr Einfluss, als ich gedacht habe.« Wenn Sie das betrifft, können Sie es ausprobieren, indem Sie Konflikte offener austragen. Sie bemerken, wie oft Sie etwas bewirken können. Konfliktvermeidung dagegen führt dazu, dass andere Ihre Interessen übergehen und sich dann gar nicht mit dem auseinandersetzen, was Sie brauchen.

Man kann fast immer widersprechen, wenn etwas nicht wahr oder fair ist. Man kann Position beziehen. Man kann Bitten und Wünsche aussprechen. Man kann für eine Vorgehensweise werben, die allen gerecht wird. Wenn man im ersten Moment nicht gehört wird, findet sich meist ein zweiter, besserer Moment, in dem man auf sein Anliegen zurückkommen kann. Für manche ist es ein neues Lebensgefühl: »Ich kann manches bewegen, wenn ich mich dafür einsetze. Andere sind überraschend entgegenkommend.« Das macht es leichter, mit den Ausnahmen zurechtzukommen, in denen man nichts erreicht und mit einer Ungerechtigkeit leben muss.

Mit den folgenden Strategien können Sie sich auch in Konflikten gut behaupten.

Machen Sie sich bewusst: Andere sind genauso verwundbar wie Sie. Wer hätte keine Angst, in einem Konflikt verletzt, abgelehnt oder untergebuttert zu werden? Andere sind oft auch nicht stärker als Sie, selbst wenn sie säbelrasselnd auftreten.

Kleiden Sie die Kritik in einen Wunsch: »Könntest du mir Bescheid sagen, wenn wieder eine Fortbildung stattfindet?« Das klingt einfach besser als: »Warum hast du mich nicht über die Fortbildung informiert?«

Unterstellen Sie anderen Gutes. Jedes Gespräch lebt von einem Vertrauensvorschuss. Auch wenn Sie in der letzten Begegnung nichts Gutes erlebt haben, können Sie den anderen so behandeln, als ob Sie mit Verständnis und einer fairen Reaktion rechnen. Denn eine negative Erwartung wird schnell zu einer sich selbst erfüllenden Prophezeiung. Umgekehrt öffnen positive Erwartungen andere auch für positive Reaktionen: »Du kannst bestimmt nachfühlen, dass …«

Vertreten Sie Ihre Sichtweise und Wünsche ausdauernd. Wenn ein anderer nicht kompromissbereit ist, dann geben Sie auf keinen Fall sofort nach. Wenn jemand unfair bleibt, entdecken Sie vielleicht eine faire Konsequenz, die Sie ankündigen können: »Soweit ich es sehen kann, habe ich ein Recht darauf, dass du während meines Urlaubs für meine Kunden ansprechbar bist. Wenn wir uns nicht einig werden, werde ich das noch mal mit der Chefin besprechen.« Manche Verhandlungen kann man auch vertagen: »Ich sehe, dass wir hier noch keine gemeinsame Lösung finden. Ich bin nicht zufrieden mit der Situation und denke, wir sollten weiterhin im Gespräch darüber bleiben.« Eine offen ausgesprochene Uneinigkeit erzeugt eine Spannung, die andere nach einer Weile kompromissbereiter macht.

Mit diesen Strategien werden Sie gute Erfahrungen in Konflikten machen. Nach und nach wird Ihre Ohnmachtserfahrung durch neue Erfahrungen überschrieben: »Meine Interessen werden berücksichtigt. Ich kann mit vielen Menschen Kompromisse aushandeln. Ich kann in der Regel dafür sorgen, dass ich mich mit meiner Arbeit und in meinen Beziehungen wohlfühle.«

Lassen Sie los und vergeben Sie

Auch wenn Sie Konflikte offen austragen: Ohnmachtserfahrungen lassen sich nicht ganz vermeiden. Es wird immer einmal Menschen geben, die zwischenmenschliche Spielregeln brechen und ungestraft davonkommen. Andere werden ihre Interessen auf Ihre Kosten durchsetzen und Sie haben nicht die Macht, sich zu wehren. Je nachdem, wie Sie mit solchen Erfahrungen umgehen, kann Sie das zum Bestrafen reizen oder zu einer Chance werden, Ihren Stachel zu überwinden. Dabei kann Vergebung eine Schlüsselrolle spielen. Diese befreiende Möglichkeit habe ich auch schon im Umgang mit Rächern beschrieben (S. 97 ff.), weil Rache und Bestrafung nicht nur der Ohnmacht entspringen, sondern auch andere ohnmächtig machen.

Wie sehen wohl Glaubende die Machtfragen unseres Kapitels, wenn sie einen allmächtigen Gott auf ihrer Seite wissen? Sollte ihnen das nicht neue Sichtweisen und Möglichkeiten eröffnen?

Gehen Sie einen Weg der radikalen Akzeptanz

Die wohl schwierigste theologische Frage lautet: Wie kann es einen guten Gott geben, wenn auf der Welt so viele böse Menschen ihr Unwesen treiben? Ist ein Gott denkbar, wenn es so viel Ungerechtigkeit und Leid gibt? Ohnmacht ist daher auch eine weltanschauliche Frage. Eine Antwort aus der christlichen Tradition stelle ich Ihnen hier vor: In heutigen Worten könnte man sie »radikale Akzeptanz« nennen. Diese Haltung ist im Alten Testament bereits angelegt, verkörpert sich in Jesus Christus und wird in der Kirchengeschichte immer neu entdeckt.

Ein Buch im Alten Testament beschreibt einen Mann, den schuldlos großes Leid trifft. Hiob verliert seinen Besitz, seine Kinder und seine Gesundheit. Er antwortet darauf mit radikaler Akzeptanz: »Haben wir Gutes empfangen von Gott und sollten das Böse nicht auch annehmen?« (Hiob 2,10).

Auch Jesus zeigt diese radikale Akzeptanz. Aufschlussreich ist seine Begegnung mit dem römischen Präfekten Pilatus, der ihn auf Wunsch der jüdischen Oberschicht verhaftet hat. Pilatus wundert sich über Jesu Gelassenheit im Verhör: »Redest du nicht mit mir? Weißt du nicht, dass ich Macht habe, dich loszugeben, und Macht habe, dich zu kreuzigen?«

Jesus antwortet: »Du hättest keine Macht über mich, wenn es dir nicht von oben her gegeben wäre« (Joh 19,10 f.).

Hier erkennen wir die Haltung, die eine radikalen Akzeptanz ermöglicht: Über aller menschlichen Macht steht Gottes Macht. Nichts entgleitet ihm. Was Gott geschehen lässt, ist gut. Auch das Böse hat seinen Platz in Gottes gutem Plan für die Welt. Nichts kann seinen guten Willen für mich persönlich und für die Menschheit durchkreuzen. Keine menschliche Macht nimmt Gott seine Herrschaft aus der Hand.

Nicht jeder darf solche Sätze sagen wie die, die Hiob und Jesus ausgesprochen haben. Sie könnten wie ein gedankenloser Trost klingen von jemandem, der noch nie gelitten hat. Sie könnten wie eine ärgerliche Anmaßung wirken von jemandem, der glaubt, Gott erklären zu können. Es gibt jedoch Menschen, bei denen Sätze radikaler Akzeptanz glaubwürdig sind. Der leidgeprüfte Hiob durfte so sprechen. Und Jesus durfte es, der Stunden nach der beschriebenen Szene unter Qualen am Kreuz hängt und schreien wird: »Mein Gott, warum hast du mich verlassen?«

Wie kommt man zu einer solchen Akzeptanz? Manche haben in ihrem Leben Erfahrungen gemacht, die ihr Gottvertrauen geweckt haben. Dieses Gottvertrauen weiten sie auch auf das Unfassbare und Unerträgliche des Lebens aus. Das ist eine Entscheidung, für die Menschen unterschiedliche Gründe haben. Manche sind von der Liebe Gottes so überwältigt, dass sie trotz der Existenz des Bösen an ihm festhalten.

Andere entscheiden sich für Akzeptanz, weil sie daran glauben, dass sich auch Böses in Gutes verwandeln kann. Der ehemalige Christenverfolger Paulus schrieb in einem Brief an eine Gemeinde in Rom: »Wir wissen aber, dass denen, die Gott lieben, alle Dinge zum Besten dienen.« (Röm 8,28) Auch Paulus ist kein Mensch, der das blauäugig schreibt. Zu seiner persönlichen Geschichte gehören Steinigungen, die er überlebt hat, Schiffbrüche und viele Jahre im Gefängnis.

Radikale Akzeptanz trägt durch in den Grenzerfahrungen des Lebens. Sie hilft auch im alltäglichen Umgang mit dem Bösen. Sie wird zur Antwort auf die Verletzungen und die Ungerechtigkeit, der wir in unserem Umgang mit anderen Menschen unvermeidlich ausgesetzt sind.

Wie radikale Akzeptanz in unserem Alltag praktisch werden kann:

Den Anspruch auf unser »gutes Recht« loslassen. Wo wir Fairness und Großzügigkeit nicht für selbstverständlich halten, üben wir Dankbarkeit ein.

Die Selbstbezogenheit loslassen: Manchmal ist es zweitrangig, ob andere mir gerecht werden und meine Interessen zum Zug kommen. Anderes kann viel wichtiger sein.

Versöhnt leben: Gerade die kleinen Ungerechtigkeiten und Kränkungen des Alltags eignen sich, um einen Lebensstil der Vergebung einzuüben.

Im Kleinen Feindesliebe praktizieren: Dem, der einem den Mantel nimmt, auch noch das Hemd geben, wie Jesus rät (Lk 6,29). Wer unter der Fürsorge und Gerechtigkeit Gottes lebt, muss sich nicht selbst sein Recht erkämpfen und wird gegenüber Ungerechtigkeit souverän.

Akzeptanz darf allerdings nicht zum Deckmantel für eine Konfliktvermeidung werden. Wenn Sie Gerechtigkeit herstellen können, sollten Sie es auch tun. Wo dies aber nicht möglich ist, hilft radikale Akzeptanz. Sie lässt los, geht weiter, genießt die Glücksmomente, die jeder Tag bereithält, oder in Krisen auch Momente des Trostes. Radikale Akzeptanz kann die emotionale Energie, die Konzentration und Tatkraft auf lohnende Aufgaben richten. Sie führt zu einer paradoxen Erfahrung, die Sie vielleicht bereits erlebt haben: Die Einwilligung in die Ohnmacht befreit uns aus ihr.

Hat dieses Kapitel eine Sehnsucht geweckt, mit Ungerechtigkeiten anders umzugehen und Ihren Bestrafungsstachel zu überwinden? Dann nehmen Sie sich eine ungestörte Stunde und gehen Sie den Gedanken dieses Kapitels mithilfe der folgenden Fragen nach.

Analysieren Sie Ihren Stachel

1. Welche der folgenden Verhaltensweisen setzen Sie ein?
   - ☐ Reagieren Sie manchmal beleidigt?
   - ☐ Haben Sie anderen schon einmal bewusst eine unangenehme Szene gemacht?
   - ☐ Zahlen Sie es anderen manchmal heim, wenn Sie verletzt oder ungerecht behandelt werden?
   - ☐ Gehen Sie ab und zu in eine Opferrolle, sodass sich ein anderer schlecht oder böse fühlen muss?
   - ☐ Verzögern Sie manchmal Dinge oder verweigern Sie sich manchmal, wenn Sie wütend auf jemanden sind?
   - ☐ Reagieren Sie manchmal jähzornig?
   - ☐ Greifen Sie andere manchmal an, wenn Sie sich verletzt fühlen?
   - ☐ Reagieren Sie manchmal verweigernd oder rebellisch, wenn Sie auf Autoritätspersonen treffen?

- ☐ Haben Sie schon einmal impulsiv mit Beziehungsabbruch reagiert?

2. Setzen Sie noch weitere Verhaltensweisen ein, durch die Sie in einer Weise Gerechtigkeit herstellen, die für andere schmerzhaft ist?
3. Inwieweit finden Sie sich in dem wunden Punkt wieder, der (meist) hinter dem Stachel *Rächen/Bestrafen* steht: die Kindheitserfahrung, beschämt, beherrscht oder ungerecht behandelt zu werden?
4. In welchen Situationen wird Ihr wunder Punkt aus der Kindheit wieder aktiviert? Was muss heute passieren, damit Sie Ihren Stachel *Rächen/Bestrafen* ausfahren?
5. Rufen Sie sich zwei oder drei Situationen in Erinnerung, in denen Ihr Stachel *Rächen/Bestrafen* anderen zugesetzt hat. Wie haben Sie diese Situation erlebt? Wie ist es wohl den anderen gegangen?

So überwinden Sie den Stachel *Bestrafen*

1. Wo sind Sie in letzter Zeit einer offenen Auseinandersetzung ausgewichen? Welche Konflikte sollten Sie in nächster Zeit austragen?
2. Welche Mittel stehen Ihnen zur Verfügung, um einen Konflikt auszutragen? Unterschätzen Sie dabei Ihren Einfluss nicht. Wie könnte ein Kompromiss aussehen? Spielen Sie ein oder zwei Beispiele aus Ihrem Leben durch.
3. Tragen Sie gerade jemandem etwas nach? Wie könnten Sie hier vergeben (d.h. das Recht auf Wiedergutmachung und Strafe loslassen)? Wie könnten Sie wieder positive Gefühle der betreffenden Person gegenüber entwickeln (zum Beispiel für die Person beten, ihr eine kleine Gefälligkeit erweisen, sich ihre positiven Eigenschaften vor Augen führen)?
4. Gehen Sie einen Weg der radikalen Akzeptanz. Meditieren Sie das Wort von Hiob, der sein Vermögen, seine Kinder und seine Gesundheit verloren hat: »Haben wir Gutes empfangen von Gott und sollten das Böse nicht auch annehmen?« (Hiob 2,10). Meditieren Sie das Wort Jesu, das er zu Pilatus sagt – bevor die-

ser die Kreuzigung anordnet: »Du hättest keine Macht über mich, wenn es dir nicht von oben her gegeben wäre« (Johannes 19,10). Halten Sie Ihre Gedanken dazu fest.

Eine kleine Stachel-Bilanz

Manchmal endet eine Therapie schon nach wenigen Sitzungen. Menschen haben schon Entlastung gefunden. Sie haben wichtige Erfolge erzielt und sind wieder zufrieden. Natürlich ist das Thema, das sie in die Therapie geführt hat, damit nicht in aller Tiefe bearbeitet. Ich kann dann eine Sicherheit geben: »So Gott will, arbeite ich noch viele Jahre in der Praxis. Falls rund um Ihr Thema noch einmal eine herausfordernde Situation eintritt, melden Sie sich einfach, selbst wenn es in fünf oder zehn Jahren ist.«

Ab und zu habe ich bei einem Therapieende kein gutes Gefühl. Dann vermute ich, dass sich jemand vor einer Vertiefung drückt, die notwendig wäre. Es könnten ein paar dumme Zufälle ausreichen, um Probleme wieder aufbrechen zu lassen, vielleicht schlimmer als bisher. Aber ich möchte kein Unheilsprophet sein, der sagt: »Wenn es schiefgeht, habe ich Sie gewarnt ...« Ich versuche dann trotzdem Gelassenheit auszustrahlen, und halte mich an das Motto: »Ein bisschen Leichtsinn segnet Gott« (Wolfgang Vorländer).

Wie sieht es mit Ihnen aus? Haben Sie genug Stachel-Kenntnisse? Das würde ich an folgenden Punkten festmachen:

- ☐ Schwierigen Menschen, mit denen ich heute Berührungspunkte habe, kann ich gelassen begegnen. Ich kann mich vor ihren Schwächen schützen.
- ☐ Wo ich einem schwierigen Menschen helfe, kann ich das tun, ohne dass es meinen Nerven oder anderen Lebensbereichen schadet.
- ☐ Wenn ich an schwierige Menschen denke, die mir früher einmal das Leben schwer gemacht haben, bin ich mir sicher, dass ich die Gefahren heute schneller erkennen und mich besser schützen würde.
- ☐ Ich weiß, mit welchen schwierigen Menschen ich zurechtkommen kann und welche mich überfordern, weil ihr Verhalten rücksichtslos ist oder weil ein bestimmter Typ schwieriger

Mensch mir aufgrund meiner Geschichte nicht guttut. Ich bin entschlossen, alles Notwendige zu tun und mir Unterstützung zu suchen, um nicht in einer Situation zu bleiben, die mir schaden würde.

- ☐ Wenn sich Menschen, die ich schätze, von mir verletzt, unter Druck gesetzt oder enttäuscht gefühlt haben, dann weiß ich heute warum. Ich kann meine Überreaktion oder mein Versäumnis als Schutzmechanismus verstehen und weiß, wie ich mich korrigieren kann.
- ☐ Ich kann Menschen gegenüber, die mir wichtig sind, zu meinen Schwächen stehen und sie einladen, es mir zu sagen, falls ich eine stachlige Reaktion selbst nicht bemerke.
- ☐ Ich entfalte mein Potenzial, gebe mein Bestes und gehe meine Aufgaben an. Dabei lasse ich mich weder von Menschenfurcht noch von Angst vor meinen eigenen Schwächen bremsen.

Können Sie diese Fragen weitgehend bejahen? Dann können Sie das Buch nun beiseitelegen. Falls Sie einmal eine unerwartete zwischenmenschliche Herausforderung trifft, nehmen Sie es einfach wieder zur Hand. Vielleicht entdecken Sie aber im Spiegel der Fragen, dass sich eine Vertiefung lohnen würde. Dann empfehle ich Ihnen dranzubleiben. Schauen Sie mal im Kalender, wann Sie eine ungestörte Stunde finden, um ein Thema mit den Fragen am Ende der Kapitel oder den Zusatzmaterialien auf der Stachel-Internetseite zu vertiefen.

Manchmal glauben wir, im Alltag nicht die Zeit zu finden, um Anregungen zu vertiefen und uns Gedanken zu machen, wie wir hilfreiche Strategien auf eine eigene Situation anwenden könnten. In der Therapie erinnere ich Menschen dann daran, wie viel Zeit es kostet, über unangenehme Begegnungen nachzudenken und sich von Konflikten wieder zu erholen. Wenn man sich dann noch bewusst macht, dass man über schwierige Begegnungen oft mit Freunden oder dem Partner spricht, in deren Gegenwart man sich eigentlich erholen und Schönes erleben will, gewinnt man noch ein weiteres gutes Argument dafür, sich auf die nächste schwierige Begegnung gut vorzubereiten.

Oft ist auch etwas Angst oder Unbehagen zu überwinden. Denn wir fürchten: »Wenn ich mich genauer mit der Situation befasse, dann führt mir das meine Hilflosigkeit und mein Unvermögen nur noch mehr vor Augen.« Doch unsere Erfahrung zeigt: Wenn wir mit guten Impulsen eine Situation näher betrachten und nach neuen Möglichkeiten suchen, ist das selten vergeblich. Wir nehmen zwar kurzfristig unangenehme Gefühle in Kauf. Aber wir tun es zu einem Zeitpunkt, den wir selbst wählen, und mit der Absicht, persönlich weiterzukommen. Dadurch ersparen wir uns später unangenehme Gefühle, weil wir Möglichkeiten finden, uns besser zu schützen.

Manche Menschen sind außerdem nicht der Typ, Dinge für sich allein zu vertiefen. Sie brauchen ein Gegenüber. Weil sie beziehungsorientiert sind, finden sie leicht eine Person, die mitmacht oder die Vertiefung begleitet. Eine bewährte Möglichkeit besteht darin, erst mal allein anzufangen, aber schon zu wissen, mit wem man die Gedanken und Fragen teilt, die einem bei der Vertiefung begegnen. Dann ist die Person, mit der man sich austauschen wird, bereits in Gedanken dabei.

Auf nichts reagiert unser Nervensystem stärker als auf Beziehungen. Das liegt daran, dass wir als Kinder viele Jahre lang nicht allein überleben könnten, weder körperlich noch emotional. Uns in Beziehungen sicher zu fühlen und gut mit anderen Menschen auszukommen, gehört zu unseren stärksten Motivationen. Deshalb ist es so wesentlich, in guten Beziehungen zu leben und zu wissen, wie wir mit Menschen umgehen, die uns in schädliche Beziehungen ziehen, wenn wir nicht aufpassen. Eigentlich wäre es schön, wir würden das schon in der Schule lernen. Zwar kann die Anwendung sehr herausfordernd sein, das Wissen aber, was in herausfordernden Beziehungen geschieht und worauf es dann ankommt, ist nicht kompliziert. Deshalb freue ich mich sehr, dass sich die Stachel-Reihe recht gut verbreitet hat. Vielleicht gibt es jemanden in Ihrem Umfeld, der unter einem schwierigen Menschen leidet und auch von dem Wissen profitieren kann. Mit dem kostenlosen Mini-E-Book »Stachlige Persönlichkeiten« können Sie anderen schon eine erste Hilfe reichen und ich hoffe, dass ich es in den nächsten Jahren schaffe, die Basics dieses Buches in Form von YouTube-Clips aufzubereiten. Wenn Sie sich in den Newsletter eintragen (www.stacheln.com/newsletter), bleiben Sie auf dem Laufenden.

Wenn Ihnen der Glaube wichtig ist, hoffe ich, dass Sie nun auch besser gerüstet sind, wenn Ihre Nächstenliebe auf eine harte Bewährungsprobe gestellt wird. Hatte Jesus auch mit schwierigen Menschen zu tun? Es gibt einige Begegnungen, die wir unter diesem Blickwinkel betrachten können. Ich finde es inspirierend, wie frei und souverän Jesus mit den verschiedensten menschlichen Schwächen umgeht. Wenn Sie das auch spannend finden, entdecken Sie auf der Stachel-Internetseite einen kleinen Aufsatz dazu.

Wo auch immer Sie gerade herausgefordert sind, wünsche ich Ihnen gute Erfahrungen, die Sie in Ihrem Wohlbefinden, Ihren Aufgaben und Ihrer Freude an guten Beziehungen stärken.

Gemeinsam mit Ihnen auf dem Weg

Ihr
Jörg Berger

Literatur

Behary, Wendy T. (2014): Mit Narzissten leben. Wie Sie selbstbezogene Menschen entlarven und dabei wachsen können. Junfermann Verlag, Paderborn.

Berckhan, Barbara (2001): Die etwas intelligentere Art, sich gegen dumme Sprüche zu wehren. Selbstverteidigung mit Worten. Kösel Verlag, München.

Berckhan, Barbara (2012): Wie Sie anderen den Stachel ziehen, ohne sich zu stechen. Gräfe und Unzer Verlag, München.

Berger, Jörg (2014): Stachlige Persönlichkeiten. Wie Sie schwierige Menschen entwaffnen. Francke-Buch GmbH, Marburg.

Berger, Jörg (2015): Meine Stacheln. Wie Sie Ihre Schwächen entschärfen. Francke-Buch GmbH, Marburg.

Berger, Jörg (2021): Das Enneagramm. Einfach sein, wie du bist, und anderen damit dienen. Francke-Buch GmbH, Marburg.

Berger, Jörg (2017): Liebe, die immer noch schöner wird. Wie Paare ihr Potenzial besser ausschöpfen. Verlag Springer Spektrum, Heidelberg.

Bernstein, Albert J. (2012): Emotional Vampires. Dealing with People Who Drain You Dry. McGraw-Hill Publ., New York.

Bramson, Robert M. (2012): Coping with Difficult People. Random House Publ., New York.

Canetti, Elias (2012; 1974): Der Ohrenzeuge. 50 Charaktere. Fischer Taschenbuch Verlag, Frankfurt am Main.

Chapman, Gary D. (2019): Die andere Seite der Liebe. Ärger, Wut und Zorn. Wie negative Gefühle zur positiven Kraft werden. Brunnen Verlag, Gießen.

Grabe, Martin (2012): Lebenskunst Vergebung. Francke-Buch GmbH, Marburg.

Hinsch, Rüdiger, und Pfingsten, Ulrich (2023): Gruppentraining sozialer Kompetenzen. Beltz Verlag, Weinheim.

Hinsch, Rüdiger, und Pfingsten, Ulrich (2010): Soziale Kompetenz kann man lernen. Beltz Verlag, Weinheim.

Jacob, Gitta, und Arntz, Arnoud (2015): Schematherapie in der Praxis. Beltz Verlag, Weinheim.

Kanfer, Frederick H., und Reinecker, Hans (2011): Selbstmanagementtherapie. Ein Lehrbuch für die klinische Praxis. Springer Verlag, Heidelberg.

König, Karl (1999): Kleine psychoanalytische Charakterkunde. Vandenhoeck und Ruprecht, Göttingen.

Lelord, François, und André, Christophe (2011): Der ganz normale Wahnsinn. Vom Umgang mit schwierigen Menschen. Verlag Rheda-Wiedenbrück, Gütersloh.

Reiss, Neele, und Vogel, Friederike (2014): Empathische Konfrontation in der Schematherapie. Beltz Verlag, Weinheim.

Riemann, Fritz (1961): Grundformen der Angst. Eine tiefenpsychologische Studie. Ernst Reinhardt Verlag, München, Basel.

Saum-Aldehof, Thomas (2012): Big Five. Sich selbst und andere erkennen. Patmos Verlag, Düsseldorf.

Schmitz, Bernd (2002): Kognitive Verhaltenstherapie bei Persönlichkeitsstörungen und unflexiblen Persönlichkeitsstilen. Pabst Science Publishers, Lengerich.

Schulz von Thun, Friedemann (2023): Miteinander reden. Band 1-4. Rowohlt Verlag, Reinbek.

Wardetzky, Bärbel (2004): Ohrfeige für die Seele: Wie wir mit Kränkung und Zurückweisung besser umgehen können. Deutscher Taschenbuch Verlag, München.

Wöller, Wolfgang, und Kruse, Johannes (2018): Tiefenpsychologisch fundierte Psychotherapie. Schattauer Verlag, Stuttgart.

Young, Jeffrey E. (2019): Kognitive Therapie der Persönlichkeitsstörungen. Ein schemafokussierter Ansatz. dgvt-Verlag, Tübingen.

Young, Jeffrey E. (2005): Schematherapie. Ein praxisorientiertes Handbuch. Junfermann Verlag, Paderborn.

Weitere Stachel-Bücher von Jörg Berger

Stacheln in der Partnerschaft
Wie Sie Ihre Liebe vor Verletzungen schützen
ISBN 978-3-86827-612-1
186 Seiten, Paperback
auch als E-Book erhältlich

Warum verletzen sich Partner gegenseitig, Menschen, die einander lieben? Auch in der Partnerschaft fahren wir unsere Stacheln aus, mit denen wir uns in Stresssituationen schützen. Lernen Sie, unnötige Verletzungen zu verhindern.
Mit Illustrationen von Thees Carstens.

Stachlige Eltern und Schwiegereltern
Wie Sie Konflikte befrieden und versöhnt leben
ISBN 978-3-96362-299-1
192 Seiten, Paperback
auch als E-Book erhältlich

Auch erwachsene Kinder wollen sich mit ihren Eltern verstehen. Doch manche Eltern machen das fast unmöglich. Noch komplizierter wird es, wenn es Schwiegereltern sind, die sich unfair und lieblos verhalten. Kann man trotzdem gut mit ihnen leben?
Erwachsene Kinder können lernen, ihren Eltern Grenzen zu setzen und Begegnungen in bessere Bahnen zu lenken. Fallgeschichten und Praxistipps wecken Lust, die Beziehung zu Eltern und Schwiegereltern auf eine neue Grundlage zu stellen.
Mit Illustrationen von Thees Carstens